운동장의 마술사

체육 교사,
수업을 말하다

KB143290

운동장의 마술사

체육 교사,
수업을 말하다

초판 1쇄 발행 2015년 12월 12일
초판 8쇄 발행 2023년 1월 11일

지은이 전용진
펴낸이 김승희
펴낸곳 도서출판 살림터

기획 정광일
편집 조현주
북디자인 꼬리별

인쇄·제본 (주)신화프린팅
종이 (주)명동지류

주소 서울시 양천구 목동동로 293, 2215-1호
전화 02-3141-6553
팩스 02-3141-6555
출판등록 2008년 3월 18일 제313-1990-12호
이메일 gwang80@hanmail.net
블로그 http://blog.naver.com/dkffk1020

ISBN 977-11-5930-002-8 03370

25년 수업 기록을 통한 고백

운동장의 마술사

체육 교사,
수업을 말하다

전용진 지음

살림터

가야만 하는 길
그러나
아무도 가지 않는 길
익숙한 길
오래된 길

전용진. 운동장의 마술사. 내가 사랑하는 사람이자 내가 존경하는 교사이다. 내가 전용진 교사를 만난 지 어언 30년. 훌쩍 지난 세월이다. 옛날로 치면 한 세대이고, 요즘 세대 구분으로는 3대가 흘렀다. 시간이 지나고 세월이 켜켜이 쌓여도 우리에게는 행복한 기억만이 남아 있다. 대학 신입생 당시 선후배로 만나 형제처럼 지낸 세월이 행복하다. "형, 수업을 잘하려면 어떻게 해야 해?" 전용진 교사가 초임 발령을 받고 난 후 학기 초 내게 한 질문이다. 수업일기를 쓰면 좋을 것 같다고 조언했다. 25년간의 수업일기는 체육 교사로서의 삶을 기록한 것이며, 그 결과가 이 책으로 이어졌다.

'체육 교사, 수업을 말하다' 제목부터 멋지다. 그동안 체육 교사는 수업을 '했지', '말하지'는 않았다. 25년간 수업의 단상을 일기로 작성한 기록을 통해서 공개적으로 말하고 있다. 1부에서는 수업을 말하고, 2부에서는 왜 수업을 기록하는 것인지 그 의미를 말하고 있다. 3부는 체육 교사가 마술을 부릴 수 있는 운동장의 모습을 그리고 있다. 이 책은 체육 수업에 대한 실천 의지를 참여적 반성을 통해 이해하고 인식하고 있다. 체육 수업에 대한 저자의 현상학이다. 수업을 학문적으로 분석하는 것이 아니라 수업 자체가 갖고 있는 자신만의 항상성이 녹아 있다.

체육 수업 상황은 역동적이어서 완벽한 콘티에 의해 만들어지는 것이 아니라 상황에 따른 변주가 필요한 수업이다. 체육 수업은 공연예술을 준비하고 수행하는 것과 같다. 다른 교과와 달리 체육 수업은 늘 공개적이다. 예술적 감각이 부족한 교육자에겐 체육 수업의 외연만 보이고 내연은 잘 보이지 않는다. 이 책은 저자가 하는 체육 수업의 내연을 보여주고 있다. 독자는 이 책을 통하여 자신의 체육 수업을 투사해봄으로써 체육 수업의 전문성을 향상시키는 데 도움이 되었으면 한다. 자신의 수업을 기록하라는 내 한마디를 지금까지 실천하고, 또한 나를 반성시켜준 전용진 교사에게 존경의 뜻을 전한다.

류태호_고려대학교 체육교육과 교수

첫 부임 학교였던 청운중학교

지금 나는 고등학교에서 학생들을 가르치는 체육 교사이다. 흙먼지 일고 뜨거운 태양이 내리쬐는 운동장에서 학생들과 함께 달리고 뛴다. 나는 학생들이 있는 학교가 좋다. 내가 교사인 것이 즐겁다. 내 인생에서 '학교'는 언제나 기쁨과 행복을 주는 장소였다. 내가 학생이었을 때도 그렇고 지금 교사가 되어서도 학교는 나에게 행복한 장소이다. 그래서 혼자 가만히 앉아 학교를 생각하면 미소가 지어진다. 이렇듯 학교가 나에게 행복한 장소인 까닭은 이곳에서 소중한 사람들과 인연을 쌓았기 때문이다.

나는 학창 시절에 집에 있는 것보다 학교에 가는 것을 더 좋아했다. 집에는 함께 놀 친구도 없고, 내가 무엇을 해도 관심을 가져주는 사람도 없었다. 그런데 학교에는 함께하는 친구들이 있었으며 내가 무엇인가 열심히 하면 이를 인정해주고 칭찬해주는 선생님이 계셨다. 특히 선생님은 내가 가진 고민과 걱정거리를 풀어주셨다. 경제적으로 넉넉하지 않은 생활을 하였지만 학교에선 전혀 문제가 되지 않았다. 내가 열심히 하면 선생님과 친구들이 모두 나를 좋아하고 인정해주었다. 그래서 나는 학창 시절 나를 인정해주고 언제나 나를 아껴주시는 선생님과 친구들이 있는 학교를 집보다 더 좋아하여 가능한 한 학교에 오래 머무르려고 노력하였다. 특히 선생님들이 나에게 용기를 주시려고 한 따뜻한 말 한마디와 칭찬은 큰 힘이었다. 초등학교 때 육상부에 가입하여 운동을 한 것도 또 운동을 하면서 공부에 게으르지 않은 것도 다 나를 인정해주고 나를 아껴주시는 선생님들께 사랑을 받으려는 그 마음 때문이었다.

수업이 모두 끝나고 집에 돌아가려다 3반과 함께 축구 시합을 하기로 하고 서로 치열하게 맞붙었다. 그런데 3반 친구가 우리 편 기원이가 공을 몰고 가는데 뒤에서 어깨로 쳐서 넘어뜨렸다. 내가 프리킥을 달라고 하니까 그 친구는 막 신경질을 내었다. 그래서 내가 "너는 순 억지야, 알아. 그러니까 다른 반이 축구 시합을 꺼려 하는 거야. 무엇이든 정정당당하게 해야지 이겨도 기분이 좋고 져도 최선을 다했으니 기분이 괜찮지." 하고 큰 소리로 말했다. 1977. 11. 4. 나의 일기.

용진이는 우리 학교의 보배로운 존재니까. 자신도 아껴가면서 씩씩하게 커나가야 한다. 담임 김정숙

나는 참 행복한 학생이었다. 아무리 힘들고 어려운 일이 있어도 학교에 가면 배고픔, 외로움, 지루함, 슬픔이 해결되었고, 모든 것이 잘 풀렸다. 학교는 나에게 사람에 대한 따뜻한 사랑, 어려움 속에서도 꿈을 향해 전진하는 용기 그리고 자신을 아끼는 마음을 잃지 않도록 해주었다. 그 중심에는 언제나 친절하고 사랑 가득한 선생님이 계셨다. 그래서 나는 사범대학에 진학하여 선생님이 되려고 했을 때 학생들의 어려

움을 나누고 함께하는 좋은 선생님이 되어야 한다고 생각했다. 나에게 좋은 선생님은 학창 시절에 내가 만났던 분들이다. 어려운 여건 속에서도 꿈과 용기를 잃지 않고 한 사람으로서 당당히 살아갈 수 있도록 해주신 선생님. 그들이 나에게는 내가 가야 할 좋은 선생님의 표상이었던 것이다. 내가 받았던 사랑을 온전히 아이들에게 되돌려주는 선생님이 되어야만 했다. 내가 좋은 선생님이 되는 것이 고마웠던 선생님들의 은혜에 보답하는 길이었다.

그리고 한 가지 더 내가 좋은 선생님이 되어야 하는 이유가 있다. 난 경제적으로 어려운 환경 속에서도 좌절하지 않고 4년간 대학을 다닐 수 있었다. 대학을 다니면서 내가 초중고를 다니면서 배웠던 것보다 더욱 많은 지식과 경험들을 할 수 있었다. 교수님들이 열강을 하는 강의실과 선배들과의 학회 세미나, 농촌활동, M·T 등 다양한 활동을 통해 세상을 보고 실천할 수 있는 신념을 가지게 되었다. 내가 교육을 받아 대학에 가지 않았다면 결코 세상을 올곧게 이해하려고 끊임없이 노력하며 실천하는 삶의 자세와 마음을 배우지 못하였을 것이다. 그래서 난 어린 학생들이 교육을 받는 것이 중요하다고 생각한다. 우리나라의 현실에서 학교 외에 특별히 학생들이 삶의 지혜를 배울 수 있는 곳이 마땅하지 않다. 그래서 난 적어도 학교에서 선생님들이 아이들을 바르게 가르치고 아이들은 그것을 배울 수 있어야 한다고 생각한다. 그러므로 아이들을 올곧게 지도하기 위해 난 좋은 교사가 되어야 했다.

내가 학교를 다니면서 선생님들께 받은 것 이상으로 아이들에게 돌려주기 위해 나는 아이들을 잘 가르치는 좋은 교사가 되어야 했다. 그러나 1990년 첫 부임한 학교의 현실부터 그 길이 쉽지 않았다. 나는 체육 교사인데 내가 가르쳐야 할 아이들은 나에게 "축구해요", "놀아요"

하고 아우성을 쳤다. 교사는 가르치고 아이들은 배워야 한다는 생각을 하는 나는 그런 아이들의 아우성을 듣기 힘들었다. 가르치는 교사가 되어 '무엇을 왜 어떻게 지도해야 하는가?' 하는 부분이 너무 취약하여 갈등과 번민에 항상 시달렸다. 이러한 어려움 속에서 내가 놓아버릴 수 없었던 것이 '아이들을 잘 가르치는 좋은 교사'였다. 나는 "재미없어요"를 외치는 아이들에게 교사의 권위를 내세워 수업으로 이끌어가기도 하고, 2시간 열심히 하면 한 시간 놀게 해주겠다는 약속을 남발하면서 높이뛰기, 핸드볼, 뜀틀, 허들 달리기 등을 가르치고자 했다.

아이들을 잘 가르쳐 좋은 교사가 되고자 하는 나의 길은 쉽지 않았다. 나는 수업이 어렵고 힘들다고 느꼈던 초임 시절에 '수업을 잘하기' 위해 나의 수업을 반성하고 기록하는 수업 일지를 작성하기 시작하였다. 수업을 잘하는 체육 교사가 되기 위한 어쩔 수 없는 선택이었다. 선배 교사가 수업을 잘하려면 자신의 수업을 돌아보는 일이 필요하다는 조언을 해주었고, 그 말을 따라 시작한 것이다. 나는 25년째 내 수업을 기록하고 있다. 꾸준히 기록하면서 나는 수업을 보다 넓고 깊게 볼 수 있는 눈을 가지게 되었다. 수업 일지에는 내가 가르쳐야 하는 아이들의 기쁨, 환호, 좌절, 공포, 슬픔의 이야기가 있고, 수업을 가르치는 교사의 고뇌, 슬픔, 좌절, 즐거움, 기쁨, 자부심이 있다.

나는 가르쳐야 하는 교사이고 아이들은 배워야 하는데, 아이들이 배우려 하지 않아 힘들어하던 그때를 지나 이제 아이들이 행복해하고 교사인 내가 행복한 수업을 운영할 수 있게 되었다. 내가 아이들을 가르치면서 힘들고 어려웠던 이유는 이 일이 처음이었기 때문이다. 충분한 경험과 사전 지식이 있었다면 많은 시행착오와 실수를 최대한 줄일 수 있었을 것이다. 누구나 처음 가는 길은 낯설고 어렵다. 내가 아이들을 가르치면서 겪었던 고뇌와 갈등 그리고 어려움을 또 다른 체육 교사는 겪지 않았으면 한다. 그래서 이 책은 지난 25년간 체육 교사인 내가 아이들을 가르치면서 겪었던 교사로서의 기쁨, 행복, 슬픔, 고뇌, 갈등, 분노, 좌절 그리고 수업 속 아이들의 다양한 이야기들을 담고 있다.

지난 25년간 지속된 나의 수업 기록은 아이들이 행복해하는 수업을 실천하고 싶은 마음에서 시작한 일이다. 나의 수업 기록은 '아이들이 어떻게 행복한 수업을 실천할 수 있을까?'에 있었다. 그래서 난 수업 기록을 통해 늘 수업을 돌아보고 다시 실천하기를 반복해왔다. 반성하고 실천해온 25년의 기록 과정에서 교사가 수업에서 무엇을 생각하고 아이들은 그 속에서 어떻게 배우며 어떤 경험들을 만들어내는지 조금씩 깨닫게 되었다.

이 책은 바로 교사로서 내가 겪었던 경험들을 다른 체육 교사들과 나눌 필요가 있다는 생각에서 쓰게 되었다. 오늘도 운동장에서 아이들과 함께하고 있는 전국의 모든 체육 교사들의 열정과 헌신에 누가 되지 않고 작은 도움이 되었으면 하는 바람이 간절하다.

차례

1부 체육 교사, 수업을 말하다

2부 체육 교사, 수업을 기록하다

3부 체육 교사, 운동장을 이야기하다

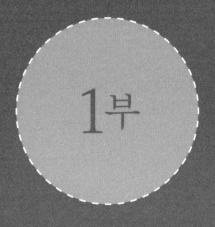

1부

체육 교사,
수업을 말하다

나는 지금 고등학교에서 체육 과목을 가르치는 체육 교사이다. 25년째 운동장에서 학생들과 함께 공을 따라 달리고 뛰면서 살아가고 있다. 수업을 잘하는 것이 중요하다고 생각했기에 초임 시절부터 지금까지 수업을 준비하고 실천함에 있어 게으름을 부리지 않고 있다. 내가 수업을 중요하게 생각하는 까닭은 교사가 되는 선택 과정에서 무엇보다도 "교육운동으로 사회변혁운동을 할 수 있다"는 것이 중요한 선택의 근거가 되었기 때문이다.

그래서 나에게 초임 시절의 수업 실천은 변혁운동에 대한 신념이 체육 수업을 하게 하는 중요한 동력이었다. 내가 희망하여 교사가 되었지만, 사실 학생들을 어떻게 지도해야 하는지 아는 바가 거의 없었다. 그래서 절망하기도 했지만, 나는 신념으로 이겨내고자 하였다. 학생들에게 체육을 가르쳐 성장시키고, 이를 통해 사회변혁을 이끌어내야 한다고 생각했다. 그런데 운동적 삶을 일상적으로 실천해야 하는 체육 수업에 대하여 잘 몰랐다. 그래서 수업을 열심히 해보고자 하는 나에게 거부감을 갖는 학교 안 동료 교사들이 아닌, 뜻을 같이하는 학교 밖 체육 교사들과 연대의 틀을 만들어 '가르치는 체육 수업'에 대한 고민을 나누었다. 나는 하지 않는 체육 수업에서 '가르치는 체육 수업'으로의 변화를 위해 '전국체육교사모임'(1991년 연세대)이라는 조직을 만들어 수업으로 소통하고자 노력하였다.

내가 하는 체육 수업을 통해 학생들을 올곧게 가르치면 이 사회를 바꿀 수 있을 것이라는 생각으로 학생들을 가르쳤다. 그러나 학교 현장에서 학생들을 가르치면서 인간의 변화와 성장이 얼마나 힘들고 어려운 일인지를 깊이 깨달았다. 이러한 현장 경험 속에서 학생들을 가르치는 일이 곧 인간의 변화와 성장이고, 그를 통해 사회변혁을 할 수 있다는 생각은 점차 퇴색해갔다. 그러나 사회변혁에 대한 생각이 없어진 것은 아니었다. 다만 방법이 바뀌었다. 학교 교육의 실천 과정에서 생각이 달라지기는 했지만, 체육 수업에 대한 열정과 헌신은 퇴색하지 않았을 뿐 아니라 더욱 강화되었다. 난 지금도 변함없이 운동장이나

체육관에서 학생들의 과제 실천을 돕기 위해 학습 환경을 준비하면서 많은 시간을 보낸다. 물론 수업을 실천하면서 '내가 체육 교과를 학생들에게 잘 가르치고 있는 것인가' 하는 회의가 들기도 하지만, 끊임없는 반성과 실천을 통해 위기를 넘기면서 현재까지 학생들을 가르치고 있다.

　교사인 내가 열정을 가지고 헌신적으로 지도한다면 학생들은 변화 성장하리라는 믿음을 갖고, 내가 가르치는 수업을 통해 학생들이 큰 배움을 터득할 수 있도록 다양한 측면으로 노력하고 있다. 내가 수업을 실천함에 있어 가장 중요하게 생각하는 것이 수업을 반성적으로 돌아보고 기록하는 것이다.

　내가 수업을 매일 반성적으로 기록한 이유는 학생들이 행복한 수업, 교사가 즐거운 수업을 실천하고자 한 노력의 일환이다. 내가 수업을 반성적으로 돌아보며 수업 일지에 기록한 내용은 수업에 대한 교사의 준비 정도, 교사는 수업에서 학생들을 위해 무엇을 하고 있는가, 학습 과제에 대한 학생들의 반응, 학생들을 지도하면서 교사인 내가 무엇을 보고 느꼈는지에 관한 것으로, 하루 수업이 모두 끝난 후 기록한다. 나의 수업 기록은 가르친다는 것이 단순히 기계적인 행위가 아니라 시간의 흐름에 따르는 변화를 기록한 것이며, 그것은 창의적이고 기예적인 것이며 무엇보다도 중요한 인간적인 행위Liberman & Miller, 1990라는 것을 깨닫게 해주었다. 난 교사의 일상적 수업 실천의 인간적 행위에 대한 기록 속에서 배움에 대한 열정 그리고 오늘도 계속되는 가르치는 일에 대한 열정과 헌신을 본다.

　바르트Barth[1996]의 연구에 따르면 신임 교사들은 탐욕스러운 학습자가 되고, 일상적인 직무가 반복되면서 10년 차쯤 되면 귀찮아지고 소진되어 학습을 거부하게 된다고 했다. 또한 25년 차 되는 교사들은 소진이라고 묘사했다. 그런데 25년 차인 난 여전히 배움과 수업에 대한 열정과 헌신이 강하다. 아직 소진되지 않았다. 수업 속에서 학생들이 성취의 기쁨과 즐거움을 경험할 수 있도록 수업을 준비하는 데 게으르지 않다. 그리고 책 읽기와 다양한 활동을 통한 배움에 목말라한다. 현재도 체육 수업에서 학생들이 즐겁게 움직이는 것을 상상하고 그 상상 속에서 수업을 준비하고 있는 나. 이러한 에너지의 근원은 무엇이며, 도대체 수업하기가 나에게 주는 의미가 무엇인지 궁금해졌다. 특히 『한겨레』 신문의 다음과 같은 기사를 보고 혹시 내 삶 속에서 체육 수업하기가 에이브러햄 머스트가 촛불을 드는 행위와 같은 것은 아닐까 하는 의문을 품으면서 더욱 나의 수업하기에 대해 깊이 생각하게 되었다.

평화운동가 에이브러햄 머스트[1885~1967]의 일화. 그는 베트남 전쟁 당시 백악관 앞에서 밤마다 촛불을 들었다. 어느 비 오는 날 저녁, 한 방송 기자가 물었다. "혼자서 이런다고 세상이 변하고 나라 정책이 바뀌리라고 생각하십니까?" "난 이 나라의 정책을 변화시키겠다고 여기 있는 게 아닙니다. 이 나라가 나를 변질시키지 못하도록 하기 위해서 이 일을 하고 있는 겁니다." 오길영, 『한겨레』 2012년 11월

반복되는 수업의 일상 속에서 "나는 교사로서 성장하고 있는가? 학생들과 관계를 잘 형성하며 수업을 하는 것일까? 또는 에이브러햄 머스트처럼 남들을 변화시키기 위해서가 아니라 잘못된 학교 교육과 비

뚫어진 학교 체육 교육의 현실이 '나를 변질시키지 못하도록' 몸부림치는 것은 아닌가?"라는 고민을 여전히 하면서 오늘도 운동장에서 수업을 실천하고 있다.

길 없는 길, 신념으로 서다(1990~1997년)

반교육의 벽 부수고, 침묵의 교단을 딛고서 참교육 외치니 들리는가 함성(참교육의 함성으로).

나에게 교사가 된다는 것은 전국교직원노동조합의 출범과 깊은 관련이 있다. 나는 대학 시절에 비공식적인 조직을 통해 사회변혁을 위한 학생운동에 참여했다. 그리고 대학을 졸업하면서 '사회변혁을 위해 내가 할 수 있는 것은 무엇일까?' 하는 고민을 했다. 왜냐하면 대학 4년간 학교생활을 통해 이 땅에서 나의 존재 이유가 사회변혁이었기 때문이다. 내가 가지고 있는 또는 이 땅에서 살아가는 모든 헐벗은 사람들, 아무리 노력해도 가난에서 벗어날 수 없는 사람들. 그 모든 사람들이 가지고 있는 모순이 잘못된 사회 구조 때문임을 안 순간부터 난 사회변혁을 꿈꾸며 실천하기 시작했다.

그래서 1980년대 대학을 다니면서 민주화운동을 하였던 선후배들처럼 대학을 졸업하면서 선택한 길이 "교사로서 교육운동으로 사회변혁을 할 수 있다"는 것이었다. 즉, 나에게 학교에서 학생들을 가르치기 위한 노력들은 사회변혁운동의 참여 방식이었던 것이다. 학생들을 가르치지 않는 척박한 체육 수업, 권위로 우뚝 선 체육 교사, 축구공만 달라고 아우성치는 학생들. 이 모두가 나에게 변화를 시켜야만 하는 대상이었다. 그래서 난 다른 체육 교사들이 가고 있지 않은 길, 교사가 마땅히 걸어가야만 하는 아이들을 가르치는 길을 걷고자 하였다.

수업의 열정만으로 달리다

체육 교사가 되는 길이 쉽게 다가오지는 않았다. 국립대 졸업생이어서 대학을 졸업하면 당연히 교사가 되어 교단에 설 수 있을 거라고 생각하였다. 그런데 1989년 8월 전국교직원노동조합이 출범하면서 정부는 의식화된 사범대생들의 교사 진출을 막으려고 하였다. 즉, 대학 시절에 집회 및 시위 전력이 있는 학생들을 교사 임용에서 제외하였다.

> 대학 졸업과 동시에 교육 현장에 나가서 교육에 헌신할 생각이다. 그런데 작금의 상황에 비추어 보면 9월 발령이 어려울 것 같다. 자주, 민주, 인간화 교육을 하고자 분연히 일어서 전국교직원노동조합의 탄압, 선생님들의 무더기 징계 그리고 전교조 가입 교사를 원천적으로 봉쇄하려는 문교부의 한심한 발상으로 조국과 민족을 사랑한 죄로 시위를 하다 붙잡힌 시위 전력자에게 교직으로 나갈 길을 막아 버린다는 것이다. 1989. 8. 23. 나의 일기.

나는 집회 및 시위에 관한 법률 위반으로 기소유예 처분을 받았으며, 그로 인해 교사 임용에서 제외되었다. 당시 서울대학교 사범대를

체력검사(턱걸이)

졸업하고 임용에서 제외된 사람이 여럿 있었다. 그들 중에서 몇 명은 임용 제외가 부당하다는 행정소송을 제기했다. 그 결과 국가보안법 위반자를 제외한 다수가 승소하여, "교사로서 성실히 근무하겠다"는 '각서'를 교육청에 제출하고 교사가 될 수 있었다.

나는 우여곡절 끝에 교단에 섰다. 체육 수업에서 학생들을 제대로 가르쳐보려는 의욕이 넘쳤다. 그런데 학교 체육 수업의 현장은 내가 넘을 수 없는 벽처럼 다가왔다. 나는 교사로서 나 자신이 중요하고 필요한 존재임을 느끼고 싶었으며, 이를 함께 생활하고 일하는 동료를 통해 확인하고 싶었다.Rudow, 1999 그러나 수업 현장은 내가 중·고등학교를 다니던 때와 별반 달라진 게 없었다. 매우 단순하였다. 대부분의 체육 시간은 5분 정도 교사가 학생들과 함께한다. 체육 교사는 선글라스를 쓰고, 지휘봉을 들고 섰다. 학생들은 선생님 앞에서 일사불란하게 오와 열을 맞추어 선다. "총원 54명, 환자 1명, 조퇴 1명. 좌로 번호, 하나, 둘, 셋…… 번호 끝. 현재 인원 52명, 인원 보고 끝." 하며 거수경례를 한다. 군대 사열 같은 체육 수업의 풍경이다. 인원 보고를 받은 교사는 학생들을 한번 살펴본 후 축구공과 농구공을 내준다. 축구공과 농구공을 받아 든 학생들은 "와아." 환호성과 함께 운동장 가운데로 달려간다. 나는 수업에서 학생들에게 공만 던져주고 사라지는 무관심한 동료 체육 교사들이 싫었다. 학생 개개인에게 무관심한 나쁜 교사가 아닌, 학생들을 가르치고 개개인을 사랑하는 좋은 교사가 되고 싶었다.

가르치는 교사 없이 아이들은 신나게 공을 차고 던지며 논다. 교사가 가르치지 않으므로 학생들은 누구도 배울 수 없다. 학생들을 가르치는 것으로 사회변혁운동을 하려는 나, 그러나 아무도 운동장에서 학생들을 가르치려 하지 않는 현실! 내 눈에는 학생들을 가르치지 않는 체육 교사의 모습과 위압적으로 학생들 앞에 군림하는 그들의 모습은 구질서, 즉 타파의 대상이었다. 학생들에게 아무것도 가르치지 않는 체육 교사들은 결국 학생들로 하여금 현재의 사회 구조를 무비판적으로 바라보게 하여, 체제 순응적인 인간으로 성장하게 한다고 판단했다. 민족, 민주, 인간화 교육에 앞장서야 할 전교조 교사 이전에, 한 사람의 양심적인 교사로서도 도저히 받아들일 수 없었다. 따라서 난 가르쳐야 했다. 나에게 학생들을 가르친다는 건 학생들이 자신의 삶을 올곧게 바라보게 하는 일이었다. 그리고 가르치는 일을 실천하는 것 자체가 사회민주화운동으로 다가왔다. 학교 제도의 틀 안에서 합법적으로 실천하는 체육 수업은 척박한 학교 체육 교육의 현실 속에서는 대단히 어려운 싸움으로 다가왔다.

그래서 이러한 현실적 어려움 때문에 단순히 운동장에서 교육과정에 있는 과제를 지도하는 수업을 실천하는 데도 용기와 강한 신념으로 무장하지 않을 수 없었다. 내가 용기와 신념을 가지고 현실의 어려움과 맞설 수 있었던 것은 "교육운동으로 사회변혁운동을 해야 한다"는 역사적 사명감이 있었기 때문이었다. 그리고 내가 가는 한 발 한 발이 이 땅의 민족, 민주, 인간화 교육을 위한 발걸음이라고 믿었다. 어려운 체육 교육의 현실 속에서도 "가르치는 체육 수업"을 실천하는 일이 나의 사명이고 책임이라고 생각했다.

그러나 난 수업을 잘해야 한다는 마음만 있었지 수업의 내용과 지도 방법을 몰랐다. 그래서 아이들과 운동장을 함께 달리고 뛰면서 때로는 기쁘고 또 때로는 마음이 찢어지는 아픔을 겪었다. 그렇게 운동장에서 나는 아이들을 가르쳤다. 첫해 교단에 서면서 나는 아이들 앞에 선다는 사실 하나만으로 한없이 기쁘고 즐겁기만 하였다. '학생들에게 무엇을 어떻게 가르쳐야 하는가?' 하는 고민을 잠시 잊은 채. 운동장에서 아이들과 뒹굴면서 만남에서 오는 즐거움에 만족하며 살았다. 아이들과 내가 좋아하는 축구를 하루 4시간, 일주일에 24시간이나 하기도 했다.

체육 교사인 내가 우리의 교육 구조 속에서 할 수 있는 것은 아이들에게 해방 공간인 운동장에서 해맑은 웃음을 간직한 채 달리게 하는 것밖에 없다고 생각했다. 물론 머릿속 한쪽에서는 그것만이 유일한 건 아니라고 소리치고 있었지만 할 수 있는 것이 보이지 않았다. 난 아이들과 운동장에서 그들이 좋아하는 축구를 함께하면서 '축구를 아이들과 함께하는 것'으로 나를 위로하면서 수업을 잘하기 위해 무엇을 해야 할지 고민하고 방황했다.

한번은 높이뛰기 수업을 위해 인체 모형을 만들어 수업 중에 설명한 적이 있었다. 이는 공중 동작을 아이들에게 보여주기 위한 나의 노력이었다. 이때 아이들이 보인 반응에 "아, 이것이 바로 교사의 역할이구나." 하고 자긍심도 느꼈다. 하지만 그러한 수업은 반복되지 않았다. 나에게는 나와 학생들을 만족시킬 수 있는 경험이 부족했으며 동료 교사들도 비협조적이었다. 내가 새롭게 무엇인가 가르쳐보려고 하면 '너, 잘났어' 하는 눈초리, 용기구를 아껴라, 운동장은 공용이야, 전 선생 혼자 전세 냈어, 쉬엄쉬엄해 하는 말들로 나의 작은 수업 의지를 꺾어버렸다. 사실 이 무렵 나는 수업을 잘 모르고 경험이 없었기에 선배 교사들에게 "잘했어, 힘들지"라는 따뜻한 격려와 그래 "잘할 수 있어"라는 위로의 말을 절실히 듣고 싶었다.

하지만 현실은 그렇지 못했다. '무엇을 왜 어떻게 가르쳐야 하는지' 혼란만 가득한 초임 교사인 나에게 동료 체육 교사는 도움이 되지 않았다. 시련과 갈등 속에서도 힘을 내어 수업을 할 수 있게 하는 힘은 역시 아이들에게서 나왔다. 수업에서 아이들이 즐겁고 기쁜 얼굴로 활동하는 모습을 보다 보면 나를 옥죄는 선배 교사, 열악한 운동장 같은 여러 가지 상황으로부터 벗어날 수 있었다.

아이들은 내가 제시한 과제를 수행하면서 재미있어하다가 한두 시간 동일한 과제가 반복되면 싫증을 내고 참여율이 현저히 떨어졌다. 그리고 다른 반처럼 축구를 하자고 아우성쳤다. 그것은 자신들이 하고 싶은 대로 자유롭게 할 수 있도록 해달라는 요구였다. 나는 이러한 요구를 거부할 수 있는 충분한 이유를 대지 못했다. 아이들이 '재미없어요' 하고 나를 바라보는 모습에 가르칠 용기를 잃어버렸다. 그래서 그들이 축구하자는 요구를 번번이 수용했다.

내가 지도하지 않으면 아이들을 가르쳐야 하는 교사의 의무를 다하지 않는 것인데…… 하는 자괴감에 빠지기도 했지만 이를 돌파할 수 있는 방법이 보이지 않았다. 내가 아이들을 가르치는 것을 포기하고 자유 시간을 주면 대부분의 아이들은 축구를 했고, 일부의 아이들은 농구장에서 농구를 했다.

사실 초임 교사인 난 학생들이 즐거워하는 체육 수업을 잘하고 싶은 마음뿐이었다. 아이들을 잘 지도하는 좋은 체육 교사가 나의 '이상'이었다. 그러나 학교 현장의 아이들과 동료 교사들이 이런 꿈을 파괴했다. 이는 심각한 위기였다. 그래서 난 이러한 혼란과 갈등을 해결하려면 교사로서 어떻게 가르쳐야 아이들이 제대로 배울 수 있을까? 하는 물음을 류태호 선배에게 던졌다. "형, 내가 어떻게 해야 체육 수업을 잘하는 교사가 될 수 있어?" 태호 형은 내가 수업을 잘하기 위해 고민하는 것을 아주 잘 알았기에 "용진아, 수업을 잘하려면 네가 수업에서 무엇을 어떻게 하는지 한번 기록해봐"라고 이야기해주었다.

아이들에게 배구에 대해 설명할 때 그림을 그리면서 설명하고, 아이들이 쉽게 이해할 수 있는 용어들을 선택하여 설명한다면 아이들이 받아들이는 것이 다를 것이다. 그런데 수업을 진행하는 내가 마음에 들지 않는다. 학습 과제에 대한 인식 정도가 깊지 못하고 내가 알고 있는 것조차도 아이들이 알아듣게 설명하고 있지 못하다. 이는 교사가 내용 연구를 충분히 하지 않은 탓이다. 그리고 가르치는 방법은 더욱 미숙하다. 다음은 아이들의 태도이다. 교사가 분위기를 주도

하면서 아이들을 이끌어가야 하는데, 아이들을 효과적으로 통제하지 못하고 있다. 그래서 그들의 태도 탓에 내 감정만 상하고 그로 인해 자꾸 갈등만 깊어진다. 1990. 6. 18. 수업 일지.

내가 체육 교사로 수업에서 아이들을 지도해야 하는데 아이들에게 오히려 끌려다니며 무엇을 어떻게 해야 할지 몰라 힘들어할 때 선배의 조언대로 수업을 보려고 반성 일지를 작성했다. 그러면서 미약하나마 내 수준에서 수업을 반성하고 계획하게 되었다. 그래서 난 멀기만 하고 그 길이 보이지 않던 수업의 내용과 방법적 측면과 관련하여 작은 희망의 싹을 발견하게 되었다.

체육 교과서에 있는 내용입니다

"선생님, 재미없어요. 우리 축구하면 안 돼요? 다른 반 애들은 축구한다는데, 우린 왜 100m 달리기 출발법을 해요." 학생들에게 학습 과제를 준비하여 무엇인가 배움의 기회를 주고자 하는 경우, 학생들이 배울 수 있는 기회를 줘서 행복하다는 반응을 보이지 않았다. 오히려 학생들은 "선생님, 체육 시간은 우리가 유일하게 축구나 농구를 하면서 놀 수 있는 시간인데, 왜 그런 시간을 빼앗아요." 하며 아우성을 쳤다. '하루 6시간 딱딱한 의자에 앉아 공부를 하는 자신들의 처지를 왜 몰라주느냐'는 분위기이다. 그러면 교사인 난 매번, '아, 정말 학생들이 공부에 지쳐 있는데, 내가 무엇을 가르친다고 그들에게서 쉴 수 있는 시간을 빼앗는다는 말인가' 하는 생각을 하며, 가르칠 권리를 스

허들 달리기

스로 포기함으로써 학생들이 배울 수 있는 기회 제공 또한 포기하였다. 나는 수업에 대한 '이상'만 높았지 수업을 실천할 수 있는 교수 방법, 교육과정 이해, 학습자 이해 등 수업 전반에 대한 토대가 매우 빈약하였다.

  국·영·수 중심의 교과 공부에 지친 학생들은 체육 수업에선 무조건 '재미'가 제일이라고 생각했다. 그런데 나는 그들에게 무엇으로 재미를 제공해줄 수 있는지에 대해 무지했으며 또한 어떻게 재미있게 지도할 수 있는지에 대해서도 경험이 전혀 없었다. 체육 수업을 통해서 내가 설정한 '사람됨'을 가르쳐야 한다는 나만의 당위성이 있었을 뿐 방법과 내용을 갖고 있지 못했다. 그래서 교과 공부에 지쳐서 체육 수업 시간에 '재미'만 외치는 학생들에게 갇혀버렸다.

체력검사(100m 달리기)

    아무것도 가르치지 않는 체육 시간에 학생들에게 꼭 필요한 것들을 가르치는 데 있어 동료 체육 교사들은 또 다른 장벽이었다. 학기 초 체육과 연간 평가 계획서를 작성하는데, 그 내용은 질서운동, 체력장 종목인 100m 달리기, 멀리뛰기, 공 던지기, 윗몸일으키기 등으로 채워지기가 일쑤였다. 이러한 내용으로 체육과 교육과정을 편성하는 주된 이유는, 실제로 아무것도 가르치지 않으면서 교과과정을 손쉽게 운영하고자 하는 데 그 목적이 있는 듯했다. 교사들에 의해 이루어지는 학생 평가는 가르치고, 그 가르침에 대한 평가여야 하는데, 가르침과 배움은 온데간데없었다. 학생들의 선천적으로 타고난 능력만을 평가하는 것이 아니지 않은가? 이러한 체육 수업은 교사가 가르치지 않으면서도 점수로 학생들을 서열화하는 비교육적 행위이다. 나는 이러한 비교육적 행위가 일어나는 체육 수업을 변화시켜야 한다고 생각했다. 즉, 가르치지 않는 체육 수업을 가르치는 수업으로 바꾸어야 했다. 그런데 교육 경험이 짧고, 나이도 어린 교사인 내가 동료 교사들을 설득하기란 쉽지 않았다.

그래서 내가 주목한 것이 교과서이다. 교과서에 나오는 내용을 가르치는 것으로 운동장에서 사라지거나 우두커니 서 있는 동료 교사들과 마주하고자 했다. 학생들에게 그리고 동료 교사들에게 "교과서에 나오는 내용을 수업 시간에 해야 한다"고 하면 어느 누구도 이의를 제기하지 않을 것이라 판단했다. 교과서에 있는 내용을 중심으로 학습 과제를 선정하고 가르치려고 했을 때 동료 교사들은 왜 그런 내용을 가르쳐야 하느냐고 묻지 않았다. 공개적으로 아무도 이의를 제기하지 않았다. 내 생각이 맞았다. 다만 그들은 나에게 "전 선생만 체육 교사가 아니야. 같이 가야지. 우리도 젊었을 때는 그랬어." 하며 너무 지나치게 수업을 열심히 하려고 하지 말라는 은근한 압력을 가해왔다. 그리고 그 압력은 어느 날 축구공, 배구공, 농구공에 각각 '전용진'이라는 세 글자가 선명하게 새겨진 공 주머니가 사무실에 걸리는 것으로 나타났다. 이 일로 난 너무나 힘들고 슬펐다.

수업에서 학생들을 가르쳐야 하는데 무엇을 어떻게 해야 할지 몰라 당황해하던 시절, 학생들은 축구로 대표되는 공놀이만 하여 체육 수업 시간을 축구하는 시간으로 여기던 그때, 수업을 하지 않으면서도 언제나 교사로서 자신들의 위상을 유지하려는 동료 교사들과 나는 긴장 관계에 놓일 수밖에 없었다. 이 긴장의 수업 시간, 유일하게 내게 힘을 주고 울타리가 돼주었던 것이 체육 교과서였다. 교과서가 '수업에서 무엇을 가르쳐야 할까?'라는 물음에 울타리가 되어주었고, 교사가 가야 하지만 가지 않는 길이 어렴풋하게 보였다. 내가 이때 체육 수업을 아이들에게 가르치고자 하는 수업 권리를 학생과 동료 교사로부터 인정받고자 한 것은 체육 교사인 나 자신을 존중할 수 있는 의식을 불러일으키려는 과정이 아니었나 싶다.

운동장의 에너자이저

수업을 위해 잠깐 등장했다가 사라지는 교사, 학생들이 운동장에서 무엇을 하든 상관없이 무심히 하늘을 바라보거나 땅만 내려다보는 교사. 나는 그들의 무관심이 싫었다. 교사로서 도저히 용납되지 않는 모습과 태도였다. 나는 나의 길을 가고자 했다. 학생들에게 무관심한 채 가르치려 하지 않는 그들과는 다른, 수업에서 가르치는 교사의 길, 오래되어 누구나 가야만 하는 그 길. 그러나 길 없는 길이 되어버린 그 길. 하지만 나는 가르쳐본 경험이 없고, 학생들에 대한 지식과 교수학습 방법에 대한 지식도 많지 않았다. 나는 오로지 가르치지 않는 척박한 체육 수업의 현실에서 무엇인가 가르치는 교사가 되고자 하는 신념과 열정만 가지고 있었다. 나는 수업에 대한 신념을 어떻게 실천해야 하는지, 그 방법적 측면에 대해 답을 가지고 있지 못했다. 그래서 수업의 시작에서부터 끝까지 어떠한 일이 있어도 학생과 함께 있어야 한다는 원칙을 견지했다. 따라서 학생들이 "재미없어요. 축구해요." 하고 위협하여(?) 축구를 할 때에도 그들과 함께했다. 함께해야 한다는 원칙을 가지고 실천하다 보니 하루에 5시간 공을 차는 날도 자주 생겼다. 일주일에 24시간 수업을 하면서 어떤 주는 24시간 축구를 했다. 그래서 몸이 지칠 대로 지쳐 집에 가면 그대로 쓰러져 잠이 들곤 했다.

학생들에게 무엇을 어떻게 가르치는 것이 좋은 체육 수업인지 몰랐기 때문에 내가 할 수 있는 방법으로 학생들과 함께한 것이다. 무엇인가 학생들이 배울 수 있는 내용들을 가르쳐야 하는데, 나는 두 가지 생각에서 쉽게 벗어나지 못했다. 먼저 학생들은 현 교육제도 하에서 지친 삶을 살아간다는 것이었다. 그래서 체육 수업 시간만이라도 학생들에게 행복감을 느낄 수 있게 해주어야 한다는 강박관념이 있었다. 그 다음으로 체육 수업은 학생들이 재미있어해야 한다는 것이었다. 수업은 기본적으로 재미있어야 한다고 굳게 믿고 있던 터라, 학생들이 "재미없어요"라고 하면 도저히 가르칠 용기가 나지 않았다. 나는 가르치고 학생들은 배워야 하는 내용이지만, 그들이 재미없다고 하면 나는 가르치려는 마음을 접고 물러섰다. 이러한 상황에서 체육 교사로 내가 할 수 있는 것은 하나뿐이었다. 그들이 좋아하는 것을 언제나 함께하는 것이었다. 학생들과 함께하는 것은 교사인 내가 당시 할 수 있는 차선책이었다. '수업의 재미'란 수렁에서 헤어나지 못해 내가 할 수 있는 한 가지만 열심히 했다. 학생들은 이런 애타는 마음은 모른 채 언제나 자기들과 함께하는 나에게 마음을 열고 다가왔으며, 나를 "운동장의 에너자이저"라고 부르면서 지칠 줄 모르는 열정적 에너지에 감탄했다.

티볼 게임

익숙해진 길, 그 길을 가다(1998~2006년)

비비탄 사격, 30분 달리기, 대나무 춤, 소프트 테니스, 패드민턴 등을 체육 수업에서 하게 되었다. 이러한 학습 과제에 대해서는 수업을 해보려 하는 동료 교사들은 물론 가르치는 일에 소극적인 교사들도 대놓고 거부 반응을 보이거나 반대하지 않았다. 다만 어떻게 지도할 수 있는지에 대해 질문을 던지곤 했다. 나는 이러한 학습 과제들을 열심히 가르치면 학생들이 이를 통해 세상을 보는 눈을 가지게 될 것이라고 믿었다. 그래서 나의 수업 실천이 교육운동의 일환이며 사회변혁운동이라는 생각에는 변함이 없었다. 또한 2003학년도부터 내가 가르치는 학생들을 이해하기 위한 수단으로 학생들에게 체육 수업 일지를 쓰게 하였다. 수업 일지와 가르치는 경험을 통해 나는 학생들에 대한 깊고 넓은 이해, 가르치는 내용이 학생들의 삶의 경험과 어떻게 관련되는지에 대한 관심, 학생들 자신의 의도, 흥미, 기대의 맥락에서 학생을 참여시키는 노력이 요구된다는 것을 알게 되었다.

수업의 '재미'는 교사가 창조한다

"선생님, 재미없어요. 그것을 왜 해요?"라며 아우성치는 학생들 앞에 서면, 난 두려웠다. 내가 교사인가? 이들은 나를 통해 무엇을 배울까? 아이들이 사회를 변화시킬 수 있는 사람으로 성장할 수 있도록 교육 활동을 해야 하는데, 나의 뜻대로 되는 게 하나도 없는 듯했다. 이상만 있었지, 이상을 실현할 수단이 없었다. 그런 나에게 지난 10여 년간 학생들을 지도하면서 이런저런 경험과 동료들과 함께 나눈 체육 수업에 대한 실천적 지식, 그리고 대학원에서 배운 교육학 지식이 생겼다.

현장 체육 교사로 교과서를 만드는 과정에도 3년에 걸쳐 참여하였다. 교과서 작업은 나에게 체육과 교육과정을 정확히 이해하는 소중한 시간이 되었다. 교육과정이 학교 현장에서 아이들을 가르치는 교사에게 어떤 의미가 있는가에 대한 이해는 수업 운영에 대한 지평을 넓혀주었다. 이로써 나의 이상에 맞추어 학습 과제를 선정해도 된다는 사실을 알게 된 것이다. 이는 체육과 교육과정 실천에 있어 나에게 보다 자유로움을 제공해주었다.

뿐만 아니라 나는 체육 수업에서 오랫동안 학생들이 외쳐대는 '재미'가 무엇인지 새삼 깨닫게 되었다. 학생들이 외치는 '재미'는 그들이 신체 활동을 하면서 즐거웠던 경험을 의미한다. 아이들은 온전히 그들의 신체 활동 경험에 갇힌 채 자신들이 한 경험의 구멍을 통해서만 체육 수업을 보고 있었다. 따라서 그들이 경험하지 못한 신체 활동은 모두 재미없는 것이 되었다. 가보지 않은 길에 대해 막연한 두려움을 느낀 학생들은 체육 수업에서 접해보지 않은 낯선 종목들에 대해 의례적으로 "재미없어요"를 외쳤던 것이다. 늘 마음의 짐이 되었던 '재미'로부터 비로소 벗어나게 된 것이다. 이제 난 아이들이 수업에서 외쳐대는 '재미'에서 벗어나 새로운 재미를 창조할 수 있었다. 즉, 아이들이 말하는 재미에서 "수업의 재미는 교사가 창조한다"는 것을 체육 수업의 실천적 경험을 통해 알게 되었다.

> 궁금하다. 우리와 다른 아이들의 마음이 어떻게 다른지……. 욕심 많은 인간들에게 마라톤은 다시 생각할 기회를 준다. 결코 시간 낭비가 아니었다. 그것을 알았다. 알아가는 것은 조금뿐이다. 그러나 오래달리기는 그만큼 나를 사랑한다. 나도 그를 사랑한다. 사랑하게 되었다. 우리 샘과 민국 샘이 언젠가 달리는 걸 본 적이 있는데, 이제 그것도 하나의 아름다움으로 보인다. 많이 느낄수록 풍부해진다.

서윤화, 2003. 10. 14. 학생 수업 일지.

이제야 비로소 초임 교사 시절 체육 수업을 가르치고자 하는 나의 신념과 의지를 약화시켰던, 학생들의 '재미'로부터 벗어날 수 있었다. 또한 체육과 교육과정을 이해하게 되면서 나는 체육 수업을 전문적으로 하는 교사가 되었다. "무엇을 할 것인가?"라는 물음에 답할 수 있게 되었으며, "학생들을 어떻게 지도해야 하는 것인가?"라는 교수학습 방법의 물음에 대해서도 이 무렵 자신 있게 답을 하게 되었다. 비로소 학생들이 체육 수업에서 최고의 가치로 여기는 '재미'를 제공해줄 수 있는 교사가 된 것이다. 학생이 가지고 있는 재미 경험의 틀에서 벗어나, 그들을 새로운 재미 세계로 나아갈 수 있게 하는 수업. 이제 나는 단순히 체육 수업을 해야 한다는 차원에서 벗어났다. 가르치기에 급급한 데서 벗어나, '학생들이 과연 내 수업에서 배우고 있는가!' 하는 데

50분 달리기

관심을 갖게 되었다. 그래서 학생들의 배움을 전제로 수업의 체계성, 학습 기자재의 적합성 그리고 학습 환경 등을 중요하게 고려하기 시작했다.

나에게 있어 초기의 가르치지 않는 체육 수업에서 가르치는 체육 수업으로의 변환은 학생 전체를 대상으로 한 것이었다. '가르치지 않는 체육 수업'이 만연하던 학교 체육 현실에서 '가르치는 수업'으로 변화하려 노력했던 것이다. 이전까지만 해도 난 수업 시간에 학생들을 가르쳐야 한다는 당위성만을 가지고 운동장에 섰다. 수업에서 학생들 한 명 한 명 기량의 성장과 피드백, 정서 경험의 안내, 인지적 변화 등 구석구석을 생각하고 반영하는 안목은 가지지 못했다. 체육 수업에서 가르침을 받지 못했던 학생들 전체를 가르치려는 이상만 높았지 그를 뒷받침할 수 있는 교육학 지식은 미미한 상황이었다. 따라서 운동 능력이 떨어져 과제 수행에서 오는 두려움과 공포, 실패로 인한 슬픔, 도전조

소프트볼 게임

차 하지 못하는 아이들을 배려할 수 없었다. 그러나 가르치는 체육 수업의 경험이 늘어나면서 나는 또 다른 고민과 실천을 하게 되었다. 나의 수업에서 학생들을 가르치고, 그 가르침 속에서 아이들이 배우기를 희망하지만 정말 수업에서 제대로 배우고 있는 것일까? 열심히 가르치지만 학생들이 배운 것이 없다면, 난 아무것도 가르치지 않은 것이 아닌가. 이런 생각을 아이들의 과제 수행 태도, 팀 과제를 수행하는 자세, 교사인 나에게 하는 행동과 태도 등에서 돌아보곤 했다. 척박한 현실에서 '그래도 나는 가르쳤다'는 사실만으로 스스로를 위로하며 '좋은 체육 교사'라고 생각하던 현실에서 벗어나 아이들에게 배움이 있는 체육 수업을 해야 한다는 자각을 서서히 하게 되었다.

근대 스포츠 종목에서 벗어나 새로운 대안을 찾다

나는 체육을 재미있게 가르치는 교사가 되고 싶었다. 특히 아이들이 체육 시간을 '노는 시간'으로 생각하고 있어 체육 시간도 배울 것이 많은 시간임을 알려주고 싶었다. 그래서 학생들에게 무엇을 가르쳐야 하는가? 고민하는 과정에서 체육 교과서에 나오는 육상의 높이뛰기, 100m 출발법, 축구, 핸드볼, 배구, 씨름, 농구, 체조의 뜀틀, 매트 운동 등을 중심으로 교육과정을 편성하여 가르치기 시작했다. 국가에서 제공한 교육과정을 중심으로 편성한 수업을 운영하면서 '체육 교사로 가르치고 있구나'라는 위안을 받았다. 하지만 나는 수업에서 신체 활동을 하는 영수, 동수, 지영, 미영, 창수, 소담, 성혜, 지영, 지선, 도희, 여진, 희원, 정진, 정우가 웃고 환호하고 짜증 내고 아우성치고 서로 얼싸안고 하는 모습을 보면서 정확히 알 수는 없었지만 무언가 부족하다는 생각을 떨칠 수 없었다. 나의 수업에서 학생들이 잘 배우고 있는가? 나는 학생들이 축구, 농구, 핸드볼, 체조, 육상의 기능들을 배우며 정서적으로 또는 인지적으로 성장하고 있는지 확신할 수가 없었다.

교과서의 내용을 가르치면서 신체적 능력이 있는 학생들은 수업에서 성취의 기쁨을 느끼면서 성장하는 것을 알 수 있다. 그러나 신체적 능력이 떨어지는 다수의 학생들은 축구, 농구, 핸드볼, 배구 등 매우 경쟁적인 근대 스포츠로 이루어진 수업에서 성공의 기쁨보다는 실패의 아픔을 경험했다. 신체 활동 능력이 우수하지 않은 학생들이 교과서에 제시된 기능을 배우고 익혀, 게임에서 능력을 발휘하기에는 역부족이었다. 그 무렵 이러한 근대 경쟁 스포츠의 학습 과제에서 벗어나 비경쟁적이고 모두가 참여하는 형태의 신체 활동을 수업에서 가르치는 것을 일부 교사들이 모색하기 시작했다. 그래서 나는 문제의식을 공유한 이병준, 김신회, 허창혁 교사와 함께 새로운 대안으로 패드민턴, 대나무 춤, 소프트 테니스, 그라운드 골프, 게이트볼, 넷볼, 요가, 플로어볼, 티볼, 소프트 발리볼, 얼티미트 등 뉴 스포츠를 수업에 적용하기 시작했다. 특히 나는 운동장 수업은 예기치 않은 날씨 상황에 대처할 수 있는 학습 내용을 꼭 준비해야 한다고 생각하였다. 왜냐하면 운동장에서 이루어지는 학습 내용만 준비했다가 갑자기 비가 오거나 하여 교실에서 이론 수업을 진행하게 되면, 교실에서 수업을 하는 데도 불구하고 "선생님, 체육 안 해요?" 하며 아이들이 아우성치는 소리를 들어야 했기 때문이다. 이런 경우 교실에서 스포츠 비디오를 보여주거나 이론 수업으로 대체하곤 했다. 교실에서 스포츠 비디오를 가지고 한 수업이나 스포츠를 설명하는 이론 수업은 아이들에게 체육 수업이 아니었다. 교사인 나는 수업을 했는데 학생들은 체육을 하지 않았다고 생각했다.

BB탄 사격

교실 수업을 마치고 돌아서는 나는 교사로서 무력감을 느꼈으며, 그로 인해 다른 대안을 찾아 고민하기 시작했다. 그리고 쉽사리 상상하지 못했던 비비탄 사격 수업이라는 새로운 대안을 만들게 되었다.

한여름 뜨거운 태양이 내리쬐는 운동장에서 아이들은 움직이려 하지 않는다. 난 이런 경우 교사로서 무력감이 들고 화가 난다. 교사 인 내 마음을 몰라주는 녀석들이 밉고 열악한 학습 환경을 개선하지 못하는 나에게 화가 나는 것이다. 덥고 비가 오는 운동장에서 아무 것도 할 수 없다는 무력감에서 벗어나게 해준 게 비비탄 사격 수업이다. 나는 무엇인가 가르칠 수 있어 좋고, 아이들은 뜨거운 운동장과 비가 와도 할 수 있는 것이 있어 행복한 수업이다. 내가 우연히 발견한 수업이지만 모두가 행복해서 좋다. 2003. 4. 24. 수업 일지.

나는 체육 수업에서 경쟁적이고 고도화된 기능의 숙달을 요구하는 학습 과제로 인해 학습에서 늘 소외될 수밖에 없었던 학생들에게 다 가갈 수 있는 내용을 마련하게 된 것이다. '가르쳐야만' 했던 절박한 시 기엔 내가 가르칠 수 있는 권리를 획득하고, 동시에 학생들에게 배움의 권리를 주어야 한다는 생각에서 아이들 개개인을 살피지 못한 채 '전 체를 위하여' 가르칠 수밖에 없었다. 나는 학생들을 10여 년 가르치면 서 단순히 교과서 내용만으로 수업을 하는 것의 한계를 느꼈다. 즉, 경 쟁적이고 고도화된 신체적 능력을 요구하는 현행 스포츠 활동은 소수 의 학생들에게만 행복감과 자부심을 줄 뿐이라고 생각하게 된 것이다. 아이들을 가르치기 시작하면서 난 수업에 존재하는 또 다른 문제와 마주하였다.

교과서 내용의 대부분을 차지하는 근대적 스포츠로 체육 수업을 하는 것만으로는 학습 과제를 수행하기 위해 나오는 모든 학생들의 신체적·정서적 경험 수준을 고려해서 그들을 즐겁고 기쁘게 만들 수 없었다. 그래서 다수의 학생들이 적극적으로 배우고 성공을 통한 기쁨을 느낄 수 있는 활동으로 수업 내용을 채워가려는 실천을 하기 시작하였다. 나는 수업 시간에 학생들이 과제를 수행하면서 누구나 성공의 기쁨을 갖는 것이 중요하다고 생각한다. 따라서 가능한 한 성공의 기쁨을 누릴 수 있는 기회를 많이 가질 수 있도록 배려한다. 그리고 또한 이런 점을 아이들에게 환기시킨다. "여러분 마음에 있는 성공에 대한 욕망은 실패에 대한 불안을 자아냅니다. 그러므로 여러분이 성공을 최고의 선으로 착각하는 오류를 범하지 않았으면 합니다. 성공과 실패는 과제를 수행하면서 언제나 누구에게나 일어날 수 있는 현상입니다." 내가 아이들에게 이러한 사실을 강조하는 까닭은 수업 시간에 학생들이 과제를 수행하면서 자신의 잠재성을 성취하도록 하는 것이 교사의 책임이라는 생각에 따른 것이다.

　나는 체육 교사들이 시도하는 좋은 신체 활동 내용이나, 학생들에게 긍정적인 활동이라고 평가되는 신체 활동들을 수업의 내용으로 가르쳐보고자 늘 시도한다. 뉴 스포츠와 내가 창안한 비비탄 사격 그리고 근대 스포츠 종목에서 학생들 눈높이에 맞춘 허들, 쇼트트랙 이어달리기, 30분 달리기, 소프트 테니스, 패드민턴 등은 비로소 나의 체육 수업 신념에 맞는 교육과정으로 자리하게 되었다.

지구인 남학생, 화성인 여학생

처음 교단에 섰을 때 운동장에서 남학생들을 만났다. 아이들은 "재미없어요. 우리 재미있는 거 해요, 선생님!" 하며 아우성을 쳤다. 처음 만난 아이들이 교사인 나에게 요구한 것은 잘 가르쳐달라는 것이 아니라 자신들과 놀아달라는 것이었다. 체육 교사인 나를 '자신들을 가르치는 선생님'이 아닌 '놀이를 같이해주는 사람'으로 생각하고 있는 듯했다. 나는 이런 아이들에게 체육을 가르치는 사람이 되고 싶었다. 그래서 놀아달라는 요구도 부분적으로 수용하면서 "체육도 배워야 한다"라는 사실을 인식시키면서 교사로서 역량을 키우려고 노력했다.

체육을 잘 가르치는 교사가 되기 위해 노력하는 선후배 교사들과 모임을 가지고 수업에 대해 의견을 나누며, 전국 각지의 체육 교사들과 만났다(1990년 12월 연세대 장기원 기념관). 나는 수업에 대하여 실천적으로 고민하는 선생님들과 이야기를 나누었고, 그 이야기들을 중심으

로 전국의 체육 교사들에게 필요한 『체육교육』이라는 잡지를 만드는 데 주도적으로 참여하였다. 나는 이 잡지를 만드는 일에 15년간 지속적으로 참여하면서 체육 수업의 전문가로서 역량을 쌓았다. 그리고 '체육 수업을 잘할 수 있다'라고 스스로 생각했다.

수업을 잘할 수 있다는 자신감으로 가득 차 있던 시절, 나는 두 곳의 남자 중학교를 거쳐 처음으로 남녀공학인 학교(1998년)에 부임하였다. "여학생은 남학생들에 비해 신체 운동 능력이 떨어지긴 하지만 특별히 주의할 것은 없어. 열심히 지도하면 되지"라고 하는 주변 교사들의 의견을 참고하여 여학생들을 만났다. 그러나 체육 수업에 등장하는 여학생은 남학생들과는 99% 전혀 다른 존재였다. 그들은 지구인이 아니라 다른 행성에서 온 외계인들이었다.

- "선생님, 저 오늘 아파서 못해요." 이런저런 핑계로 수업을 기피하는 순희와 지선.
- "체육복 갈아입느라 조금 늦었어요." 상습적으로 지각하는 인아.
- "선생님, 어떻게 해요?" 설명이 다 끝난 후 과제 수행에 들어갈 때마다 묻는 지수.
- 어떤 과제가 제시되어도 수행 의지가 전혀 없이 고개만 숙이고 있는 지혜.
- 내가 부정적으로 한마디 한 것 때문에 나를 XX처럼 바라보는 영지.
- 과제를 지도하고 돌아서면 딴짓을 하는 아라와 지예.
- "선생님, 전 운동 못해요"를 연발하는 인경.
- 앞머리를 부여잡고 달리는 아영.
- 하나를 가르치면 척 알아서 스스로 하는 남학생, 하나에서 열까지

일일이 가르쳐야 하는 여학생.

- 과제 수행을 하다가 누군가 넘어지면 모두 달려가 5분 정도 모여 있는 여학생.
- 남학생들과 다르게 운동 경험이 전무한 여학생.
- 과제 수행에서는 소극적, 수행 평가에서는 민감한 반응을 보이는 여학생.
- 지도하는 교사가 없으면 모여서 수다만 떠는 여학생.
- "선생님, 우리도 자유 시간 주세요" 해서 자유 시간을 주면 10분 정도 피구 하다가 수다 떠는 여학생.

나는 몰랐다. '여학생이 어떤 존재인가?'라는 부분에 대해 한 번도 배운 적이 없다. 사범대학의 교육학 강의, 교사 연수 등 그 어디에서도 여학생들이 체육 수업에서 어떤 모습과 태도를 보이며 무엇을 원하는지 들은 바가 없다. 그래서 나는 처음 여학생들이 체육 수업에서 보이는 태도와 행동들로 인해 큰 충격에 빠졌다. 10년 차가 되면서 남학생들이 외치는 "재미없어요"를 조금 벗어날 수 있었는데, 내 앞에 그런 남학생들보다 더 알 수 없는 '수업에서 아무것도 하지 않으려는 여학생'이 등장한 것이다. 체육 수업을 잘하는 교사라는 자부심이 일시에 무너지기 시작했다. 그래도 처음엔 교사인 나에게 문제가 있는 것이 아니라 열심히 지도해도 '아무것도 하지 않으려는 그들, 여학생'에게 문제가 있는 것으로 책임을 전가하며 애써 나를 위로했다.

나는 여학생들이, "선생님, 저희도 배우고 싶어요. 가르쳐주세요"라고 외치고 있다는 사실을 시간이 조금 흐른 후에 깨닫게 되었다. 여학생들이 체육 시간에 선생님에게 지도받은 경험이 있을까? 여학생이 남학생처럼 운동장에서 축구공을 가지고 이리저리 달려보았을까? 여학생들은 언제 신체 활동을 해보았을까? 나는 여학생이 체육 시간에 보이는 모습과 태도 그리고 행동들에 대해 본질적인 질문을 던지고 그들을 이해하려고 노력했다. 그리고 그 결과 여학생들을 배려하고 남학생들에게도 의미 있는 체육 수업이 될 수 있도록 구조적으로 변화를 시도하게 되었다.

첫째, 여학생은 정서적으로 남학생과 다르다. 그들은 관계 지향적이다. 그들은 운동 능력보다는 자신과의 친분을 생각하여 팀 구성원을 선택하며, 누군가 팀 과제를 수행하다 넘어지면 모두가 몰려가 자신이 달려왔음을 드러낸다. 그래서 팀 활동에서 여학생들의 정서 특성을 고려하여 교사인 내가 적절하게 팀 활동 능력을 안배하는 노력을 시도하며 남학생과 다른 그들의 모습을 인정한다. 각 팀의 운동 수행 능력이 적절하고, 구성원의 특성이 안배되어야 활동이 잘 이루어진다.

둘째, 학습 기자재의 변화 시도이다. 높고 둔탁하여 겁을 집어먹게 하는 허들, 머리를 부딪치고 엉덩이가 닿으면 무척 아픈 뜀틀, 손목을 갖다 대면 실핏줄이 터지는 배구공, 야구공 주고받기를 하면 무서움을 주는 무거운 야구공, 친구가 던진 공에 맞으면 코피가 터지는 핸드볼 공 등 나는 학생들에게 공포와 두려움으로 과제 수행을 어렵게 만드는 학습 용구에 변화를 시도했다.

오늘은 운동장에서 첫 수업을 했다. 생각했던 것보다 훨씬 어려웠다. 준비운동도 힘들었다. 앉아서 다리를 90도로 꺾는 것이었다. 완전히 되지는 않았지만 그래도 대충 했다. 잘 못하는 애들이 있어서

처음에는 보통 허들보다는 조금 더 낮은 것에서 허들을 했다. 난 하나도 넘지 못했다. 무서워서 그 앞에만 가면 발동작이 멈추어버린다. 다음엔 꼭 열심히 해야지, 이 생각뿐이다. 그리고 또 하면 멈춰버린다. 앞으로가 걱정이다. 2004. 3. 15. 성혜.

셋째, 학습 내용의 변화이다. 나는 초임 시절에 우리 몸짓을 가르치려는 노력으로 씨름, 전통놀이 등을 수업 내용으로 지도한 적이 있다. 그러나 이것을 지속할 수는 없었다. 놀이가 아이들의 삶의 맥락 안에 있어야 하는데, 전통놀이는 아이들의 일상생활과 너무 멀리 떨어져 있는 한계가 있었다. 그리고 수업에서 학생들에게 근대 스포츠도 가르쳤다. 육상, 배구, 핸드볼, 체조, 농구, 축구 등 근대 스포츠는 아이들 각자에게 신체 운동 능력을 요구한다. 개인이 경기 능력을 가지고 있어야지 경기의 재미를 느낄 수 있다. 신체적 능력이 요구되다 보니 여학생들이나 신체 능력이 부족한 남학생이 소외되고 힘들어할 수밖에 없었다. 나는 이러한 사실을 인지하고 근대 스포츠 종목과 함께 신체 능력이 다소 부족해도 즐기면서 배울 수 있는 뉴 스포츠 종목(BB탄 사격, 소프트 테니스, 넷볼, 추크볼, 티볼, 게이트 골프, 패드민턴, 소프트 발리볼, 디스크 골프, 대나무 춤, 플로어볼, 인라인스케이트)을 학습 내용으로 선정했다.

넷째, 과제 수행에 적합한 학습 환경 조성이다. 남학생들은 특별한 환경이 조성되지 않아도 공을 가지고 하는 게임을 하는 경우 대부분 적극적으로 학습에 참여한다. 그래서 나는 남학생들을 가르칠 때 학습자를 위한 학습 환경의 필요성에 대해 깊이 고민하지 않았다. 그런데 여학생들의 수업에서 그들이 적극적으로 과제를 수행하지 않는 상황을 지켜보면서 '어떻게 하면 그들을 학습에 유인할 수 있을까?'라는 생각에서 학습을 안내하기 위한 도구와 재미를 제공하는 수단으로 학습 과제에 필요한 최대한의 학습 환경을 조성하는 노력을 하게 되었다.

체육 수업에서 여학생은 남학생과 다르다. 학습에 임하는 태도, 과제

50m 허들 달리기

를 수행하며 배우는 속도, 과제를 수행하는 신체 능력, 학습 과정에서 만나는 정서 경험, 학습에 보이는 반응 등 많은 부분에서 남학생과는 다르다. 그러나 그들도 남학생들처럼 신체 활동에 대한 배움을 애타게 원하는 학생이었다. 다만 오랜 기간 동안 여학생이라는 이유로 배움의 기회를 적절히 제공받지 못하여 몸과 마음이 신체 운동에서 소외되고 배제되어 멀어진 것이었다.

자칫 나도 체육 수업에서 '여자다움' 또는 '여자'를 강요하는 교사가 되어 여학생에게 '무기력'을 학습하도록 할 뻔했다. 여자라는 이유만으로 수업에서 신체 활동에 대한 모험을 감행하거나 그것을 극복할 기회를 빼앗는 것이다. 물론 교사 입장은 빼앗는다기보다 여학생의 신체를 보호하기 위한 것이라고 말할 수 있다. 그러나 여학생에게 신체 활동에 대한 도전 기회를 주지 않으려는 교사의 태도는 여학생의 마음속에 자신은 신체적으로 약하고 무능하다는 생각을 심어줄 수 있다. 이는 곧 낮은 존재감을 갖게 할 수 있는 것이다. 나는 여학생도 체육 시간에 다양한 신체 활동에 도전하여 실패하고 다시 시도할 수 있도록 '활동의 기회'를 제공하고 격려해주는 것이 필요하다는 것을 그들을 가르치면서 비로소 알게 되었다.

내가 시도한 변화들은 교사인 내가 학생들을 가르치는 교사로 거듭나기 위한 것이다. 여학생들이 수업 시간에 아무것도 하지 않고 나를 쳐다볼 때 난 교사로서 무력감이 들었다. 교사는 가르쳐야 하는데 남학생들 상대로 수업하듯 별 생각 없이 교단에 선 나에게 여학생들은 무엇을 준비했는가를 강하게 물었던 것이다. 그런 과정을 통해 여학생들을 만나면서 나는 체육 수업에 대해 다시 깊이 살필 수 있었으며, 전문가의 역량을 한층 더 키울 수 있었다.

기쁨, 불안 등을 고려한 감성 수업

학생들이 수업 시간 중 느끼는 감정과 그 감정을 표현하는 방식은 매우 다양하다. 예컨대 장애물 달리기 수업 시간에 어떤 학생은 앞에 놓인 허들을 보면서 할 수 있다는 자신감을 갖는가 하면, 또 다른 학생은 허들을 보면서 넘어져서 다치지는 않을까? 하는 두려움과 공포를 느낀다. 그리고 학급 친구들 앞에서 달리기를 하거나 뜀틀을 넘을 때 실수하지는 않을까 걱정하는 학생도 있고, 학급 친구들 앞에서 신체 활동을 하는 것을 큰 기쁨으로 느끼는 학생도 있다. 즉 수업 시간에 학생들은 각자의 개인적 특성과 신체적 능력 안에서 각기 다른 정서적 체험을 하고 있다. 학생들이 수업 중에 경험하는 다양한 정서적 체험은 수업 동기를 유발하는 에너지 또는 방향으로, 교육적으로 중요한 의미를 갖는다.

학교 교육 활동에서 정서는 학생들에게 교육적으로 중요한 영역 중의 하나이다. 첫째, 정서는 학생들의 삶의 일부분으로 자신이 활동하면서 무엇을 생각하고, 어떻게 느끼며, 왜 행동하는가를 이해하는 단서를 제공해준다. 학생들은 교육 활동 속에서 정서를 느끼고 나누면서 사회 속에서 자신과 인간을 이해하는 중요한 방법을 배우게 된다. 둘째, 정서는 학생들의 정서 순화, 인간적 관계 형성, 바람직한 사회적 성품을 지닌 사람으로 성장시키는 교육 활동에서 꼭 필요한 요소이다. 왜냐하면 자신의 내면세계를 이해하고 다른 사람의 감정을 나눌 줄 아는 정서적 능력은 인격적이고 도덕적인 성품을 가진 사람의 기본적인 능력이기 때문이다. 그러므로 인간의 성장을 지향하는 교육 활동에서는 정서적 능력을 배양하기 위한 노력이 중요한 목표가 될 수 있다.

김창대·강신덕, 1998

체육 교과에서도 학생들의 교육 활동과 관련하여 정서 교육의 중요
성을 인식해왔다. 제5차 체육과 교육과정에서부터 정의적 영역을 체육
교과의 주요한 교육 목표로 설정해왔으며, 제7차 체육과 교육과정에서
도 "운동을 통해 사회적으로 바람직한 태도 및 문화적으로 가치 있는
규범을 익힌다"라고 명시하고 있다. 그러나 목표로 명확하게 설정되어
있는 정의적 영역의 내용은 심동적, 인지적 영역처럼 교육과정 문서에
명확하게 제시되어 있지 않다.^{유정애, 2005; 최의창, 2003} 목표로는 제시하고 있
지만 정의적 영역에 대한 구체적인 교육 내용을 언급하지 않고 있는 것

높이뛰기

이다. 또한 "바람직한 태도를 기른다"는 말로 7학년 이상의 학년별 내용에만 제시하고 초등학교에서는 언급되지도 않았다.

정의적 영역이 문서상에만 존재하는 것은 단지 국가 수준 교육과정만이 아니다. 학교 체육 수업을 들여다보아도 심동적, 인지적 영역의 지도와 평가가 주를 이루고 있으며, 정의적 영역은 단지 운동복 착용 유무와 수업 참여 태도라는 기이한 형태로 존재하고 있을 뿐이다. 결국 체육 교과에서 정의적 영역의 교육은 심동과 인지만을 강조했던 과거 체육 교육의 모습 속에서 단순히 그 이름만을 갖고 있었던 것이다. 따라서 체육 수업을 통해서 학생들이 얻게 되는 '바람직한 태도'가 무엇인지, 더욱이 학생들 개개인이 수업 과정에서 어떤 느낌을 받고, 무엇을 생각하고, 어떻게 성장해나가는지 알 수 없었으며, 아니 관심도 갖지 않았다.

그러나 난 아이들에게 운동장에서 뜀틀, 허들 달리기, 높이뛰기 등을 가르치면서 알았다. 왜 영희는 높이뛰기 바를 향하여 힘차게 달려나가지 못하여 친구 뒤로 자꾸 몸을 숨기고, 성혜는 자기 앞에 높인 허들을 넘지 못하고 옆으로 빠져나가는지. 과제 수행 속에서 아이들은 자신들이 경험했던 그리고 앞으로 경험하게 될 두려움, 공포, 좌절, 슬픔, 기쁨, 재미 등으로 인하여 기피하거나 도망가고 있었다. 그래서 난 이러한 정서를 반영하는 수업을 실천하게 되었다.

학생들이 체육 수업에서 만나는 긍정적 정서 경험

재미

사격 두 번째 시간! 너무너무 재미있다. 어제보다 가운데에 더 많이 맞혔다. 엄지손가락으로 뚫은 것 같은 구멍이 생겼다. 내가 잘해서 그런가. 표적지를 보고 방아쇠를 당기는 일이 너무너무 긴장되고 재미있다. 한 번도 못해보았던 사격이 이렇게 재미있는지 미처 몰랐다. 체육 시간에 재미있는 사격을 해서 좋다. 할 때마다 선생님이 칭찬해주셔서 더욱더 잘할 수 있었던 것 같고, 재미있기까지 했다.

막사랑, 2004. 3. 12. 반성 일지.

체육 수업 시간 중 체험하는 '재미'는 아이들이 가장 많이 체험하고, 또한 중요한 요인으로 생각하는 것이다. 재미라는 개념은 "즐거움, 좋아함, 재미와 같은 일반적인 느낌을 나타내는 스포츠 체험에 대한 긍정적인 정서 반응이다."Scanlan & Simons, 1992 특히 신기하다는 정서적 체험은 남학생보다 여학생이 많이 경험한다. 이는 여학생들이 특별히 신체적 활동을 할 수 있는 시간과 공간의 제약이 많아 다양한 신체 활동을 해본 경험과 참여의 기회가 적어 나타나는 현상이다. 학생들은 수업의 전 과정에서 재미를 체험하고 있다. 학생들은 교사가 준비한 수업에서 작은 변화와 계획에서 재미를 체험하면서 몰입하는 경향을 보였다. 재미는 수업에 소극적이던 학생을 적극적으로 움직이게 하였고, 적극적인 학생들은 수업에 몰입하게 한다. 학생들이 수업 중 체험하는 재미는 수업을 이끌어가는 중요한 수단이다. 체육 수업을 선호하는 이유로 아이들은 '재미있는 수업'이기 때문이라고 이야기한다. 아이들이 높이뛰기를 하면서 '난다'는 느낌, BB탄 사격을 하면서 '신난다' 또는 하얀 공이 글러브에 '퍽' 하고 잡힐 때 등의 경험이다. 즉, 아이들은 수업에서 제시된 과제에서 흥미를 느끼거나 학습 과제의 수행 과정에서 재미를 느낀다.

　학생들이 체육 시간을 좋아하도록 만드는 방법은 무엇보다도 수업의 재미이다. 그리고 이 재미는 교사들에 의해 '창조'될 수 있다. 아이들은 자신이 해보고 느낀 경험을 바탕으로 재미를 이야기한다. 따라서 낯선 과제를 하게 되면 대부분 "재미없어요"라는 반응을 보인다. 그러나 이는 과제가 정말 재미없어서가 아니라 자신의 경험에서 판단할 근거가 없기 때문에 나타나는 현상인 것이다. 따라서 교사는 아이들의 신체 활동 경험의 한계를 극복하고 다양한 과제를 수행할 수 있도록 수업을 계획해야 한다.

활력

　핫핫핫!!! 오늘 드디어 지금까지의 내 노력들이 햇볕을 잔뜩 받았다. 발도 잘 맞았고, 고무줄에도 안 걸렸고, 손도 잘 들었고, 발도

들어서 넘어가고…… 감격이었다. 이렇게 잘 넘을 수 있었다니, 노력
하면 언젠간 된다는 말이 맞는다는 걸 실감했다. 오늘은 기분이 정말
하늘을 날 것만 같던 날이었다. 몸 대신 마음만이라도 하늘을 날아
본 날이었다.　이바다, 2004. 4. 21. 학생 수업 일지.

　학생들이 체육 수업 시간 중 체험하는 '활력'은 "운동장에서 수업을
할 수 있어 기분 좋다", "과제가 재미있을 것 같아 기대된다", "열심히
해서 좋은 결과를 만들어야지"라는 의욕 등으로 경험되고 있다. 남학
생이나 여학생이 수업 중에 뛰고 달릴 수 있어 기분 좋아하고 과제 수
행에 대해 기대하고 있었다. 또한 과제에 대해 스스로 하고자 하는 의
욕을 높게 경험하고 있다. 이러한 사실은 체육 수업의 희망이다. 체육
수업 시간에 학생들은 못할 것 같았던 허들을 넘고, 두려움에 떨던 높
이뛰기 바를 뛰어넘었을 때 자신이 이루어낸 작은 성취에 기분 좋아
하고 또한 수업을 기다리게 된다고 한다. 수업 속에서 학생들은 저마

50m 허들 달리기(남)

64

다의 능력 안에서 느끼고 호흡하고 있었다. 어떤 학생들은 교사가 단순히 제시하는 'BB탄 사격, 소프트볼, 쇼트트랙 이어달리기, 패드민턴, 높이뛰기, 대나무 춤, 핸드볼, 축구, 배구'라고 하는 수업 내용만으로도 학습에 대한 의욕을 보였다. 학생들은 하루에 5시간에서 6시간 교실에 갇혀 있다. 아이들은 갇힌 공간인 교실에서 체육 수업을 위해 운동장에 나온다는 이유만으로도 체육 수업이 좋다고 한다. 즉, 아이들은 매우 단순한 이유로 체육 시간을 선호한다. 그래서 교사인 나는 더욱 좋은 학습 환경과 적절한 학습 과제를 통해 학생들 저마다의 능력을 발견하여 작은 성장의 기쁨과 즐거움을 맛볼 수 있는 운동장을 만들려고 노력한다. 나는 학생들이 과제에 따라 다른 정서 경험을 하고 있다는 사실에서 보다 다양한 과제와 좋은 학습 환경을 제공하려 한다.

각오

오늘 두 번째 사격을 하였다. 몇 번 하면서 느낀 거지만 모든 일에 쉬운 건 없는 것 같다. 선생님의 조언을 새겨들으며 사격 연습을 열심히 해서 좋은 점수를 받아야겠다. 더구나 중학교 시절 마지막 체육 수업 중 하나이니까. 결코 포기하지 않고 좋은 결실을 맺을 수 있도록 열심히 해야겠다. 나종팔, 2004. 9. 4. 반성 일지.

수업 중 아이들이 경험하는 '각오'는 "열심히 해야겠다, 노력하자, 충실하자" 등의 표현으로 스스로 결의를 다지는 걸로 나타난다. 학생들이 경험하는 '각오'는 남학생이 여학생에 비해 상대적으로 많은 편이다. 이는 전통적으로 남학생들이 신체 활동에 도전적이고, 여학생들은 소극적인 사회·문화적 영향을 반영한 것으로 볼 수 있다. 그럼에도 불구하고 남녀 학생들은 체육 수업에서 자기 성장을 위해 노력하고 있다. 학생들은 수업을 통해 과거나 현재 자신의 신체적 능력보다는 보다 향상된 미래의 모습을 만들기 위한 마음가짐을 다지는 '각오'를 체험한다. 대부분의 각오는 운동 기능의 향상을 위한 마음의 자세이다. 나는 초임 교사 시절부터 한참 동안 수업에서 아이들의 신체적 기량 향상에만 목표를 두고 지도했다. 아이들의 정의적 측면인 마음의 성장을 살피지 못했다. 학생들이 신체 운동 능력만을 성취하고자 하는 이유가 바로 기능의 향상이 전부인 것처럼 지도한 나의 잘못이 아닌가 싶다. 학생들이 생각하는 목표는 교사의 지도 목표와 그 맥을 같이하지 않았나 싶다.

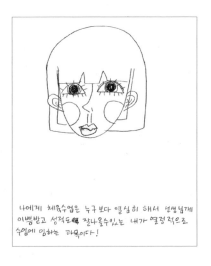

나에게 체육수업은 누구보다 열심히 해서 선생님께 이쁨받고 성적도 잘나올수있는 내가 열정적으로 수업에 임하는 과목이다!

성취

  "기적의 날!" 나조차도 믿지 못했고, 애들도 못 믿는 눈치……
이런 놀라운 반응을 보여준 것은 소총! 15발 모두 맞았을 뿐더러, 같은 곳에 2발씩 꽂혀 있었다. 11발이 다 10점에 가서 박혀 있었다. 또 4발은 다 9점짜리! 정말 아름다운 모양을 형성하고 있다. "0자!" 웬만한 남자 애들 같은 결과다. 전미다, 2004. 9. 15. 반성 일지.

학생들이 수업 시간 중 체험하는 '성취'는 '만족, 기쁨' 등으로 나타난다. 체육 수업 시간에 참여하는 학생들은 수업 활동 속에서 시험 결과가 단지 좋아서 만족하고 기뻐했다. 또한 작은 공을 하나 잡고 또는 방망이에 맞고 날아가는 공을 보면서 만족한다. 그리고 토끼처럼 빠르게 달릴 수는 없지만 인내심을 가지고 거북이처럼 30분간 포기하지 않고 달려 스스로 만족해하고 기뻐하는 학생도 있다. 학생들은 수업 속에서 각자의 능력 안에서 현실적인 성취의 경험들을 만들어냈다. 학생들이 기뻐하고 만족하는 성취의 경험은 그들을 수업에 보다 적극적으로 참여하게 만든다. 그리고 그들은 신체 활동 참여 경험을 통해 자신이 경험하지 못했던 기쁨, 만족 등의 세상으로 안내되었다.

"나는 신체 능력이 떨어져서 운동을 못해", "나는 여자야", "나는 한번도 성공한 적이 없어" 등 운동 능력이 떨어진다는 이유로 체육 수업에 참여를 꺼려 하던 학생들도 과제 성취를 경험하면서 수업에 적극적인 자세를 보였다. 즉 학생들에게 일어난 성취의 경험들이 그들의 수업 참여 태도에 변화를 가져온 것이다.

그래서 난 학생들에게 수업 시간에 과제 수행 과정에서 성공 경험을 자주 제공하면 체육에 대한 태도가 변하고 체육을 좋아하게 된다고 생각하게 되었다. 그리고 체육 수업이 이루어지는 운동장에서 학생들은 남보다 빠르게 달리고 높이 뛰어야

지만 만족하는 것은 아니라는 사실을 깨달았다. 즉 학생들은 다른 친구들의 뛰어난 운동 기량을 부러워하기는 하지만 자신이 노력하여 얻어낸 작은 성공과 성취를 통해서도 스스로 만족하고 기뻐했다. 나는 아이들이 체육 수업에서 각자의 능력 안에서 스스로 가치를 발견하고, 기뻐할 수 있다면 모두에게 의미 있는 체육 수업으로 거듭날 수 있다는 가능성을 발견했다.

긍지

나도 모르게 글러브가 나가는 엄청 신기한 일이 벌어졌다. 앗! 하는 순간 손이 저절로 나가고 글러브 속에 연둣빛 테니스공이 자리 잡고 있었다.^^ 감동이었다. 한…… 두세 번은 글러브를 대신해서 온몸으로 공을 잡기는 했지만 현지의 활약(?)으로 우리 팀의 공은 정해진 공간에서만 날아다녔다. 저번보다는 나도 정말 많이 발전한 것 같았다. 나도 잘할 수 있고, 할 수 있다는 자신감이 생겨서 좋았다.

이바다, 2004. 6. 14. 반성 일지.

학생들이 수업 시간 중 경험하게 되는 '긍지'에는 '자신감, 뿌듯함' 등이 포함된다. 학생들은 수업 속에서 교사가 칭찬하는 "영희, 잘했어"라는 말 한마디에 체육을 잘할 수 있다는 자신감을 얻기도 하며, 쉬는 시간마다 운동장에서 허들 넘기 반복 연습을 통해 '나도 할 수 있다'는 자신감을 획득하는 경험을 하기도 한다. 그리고 소프트볼 수업에서 무심결에 내민 글러브에 하얀 공이 박히는 순간 '나도 잘 잡을 수 있다'는 뿌듯함을 경험하기도 한다.

학생들은 학습 과제를 수행하면서 체험하는 '긍지'를 통해 과제 수행에 대한 불안과 우울을 극복해내고, 스스로의 가능성을 발견하면서 적극적으로 수업에 임하는 모습을 보인다. 학생들이 각자의 능력 안에서 체험하는 성공과 성취는 스스로에게 긍지를 갖게 하고 자긍심을 느끼게 해주는 것이다. 학생들이 체육 수업 시간에 긍지를 경험한다는 사실은 중요한 의미를 가진다. 운동 능력이 낮은 대부분의 학생과 여학생들은 체육 시간에 과제를 수행하면서 성공 경험이 한 번도 없었기 때문에 학습된 무력감에 빠지고 만다.

아이들의 몸과 마음에 습관처럼 기억된 무기력은 수업 중 반복되는 성공과 성취의 경험으로 얻게 되는 자긍심을 통해 극복될 수 있다. 과제를 수행하는 학생들은 고도의 기량을 몸으로 습득할 때만 성취를 느끼고 긍지를 경험하게 되는 것은 아니다. 아이들은 자신의 능력 안과 밖에서 이루어낸 만큼의 성취로도 긍지를 느끼며 성장하고 있다.

학생들이 경험하는 긍지는 개인의 자긍심을 향상시킬 뿐 아니라 자아 존중감을 갖게 하는 토대가 된다. 그래서 난 수업에서 아이들에게 신체 활동의 기회를 끊임없이 제공하고, 그 기회를 통해 몸과 마음에 자긍심을 기억하게 만들어주고자 하는 것이다.

아쉬움

　　이제 오늘로써 마지막 허들 연습의 날!! 아침부터 두 눈을 부릅 뜨고 마지막 연습에 최선을 다하리라 다짐했다. 금 같은 시간을 모두 바보같이 보내고 마지막 연습은 똥 누고 똥 안 닦은 것처럼 찜찜하게 끝났다.　임효동, 2004. 3. 29. 반성 일지.

　　학생들은 체육 수업에서 낯선 과제 탓에 처음엔 힘들고 어려워했지 만 부단한 연습을 통해 기량이 크게 향상되었다. 이제 학생들은 과제 수행을 그만하게 되었을 때, 짜릿한 긴장감을 주는 재미있는 BB탄 사격 수업을 마칠 때, 실기 시험에서 한 번 더 기회를 주면 잘할 수 있을 것 같을 때, 조금만 더 연습을 하면 잘할 것 같은데 더 이상 연습할 수 없을 때 '아쉬움'을 경험한다. 즉 학생들은 수업에서 자신의 몸과 마음 의 성장을 위한 기회를 만나 노력하고 있었다. 학생들은 과제를 보다 잘 수행하여 친구들이나 선생님

에게 잘한다는 칭찬의 말을 듣 고 싶은 욕망에서 학습 과제를 잘할 수 있게 되기를 간절히 희 망하며, 그 까닭으로 과제를 그 만하게 될 때 아쉬움을 갖게 되 는 것이었다.

　　체육 수업에서 아이들이 '아 쉬움'을 경험한다는 사실은 고 무적인 일이다. 왜냐하면 아이

들은 사실 학교에서 이루어지는 많은 일에 관심이 없다. 그래서 교사들은 아무것에도 의욕을 보이지 않는 그들에게 교실에서 학습을 시켜야 하는 상황이기에 너무나 힘들다고 아우성치는 것이다. 그런데 운동장에서 아이들이 과제를 마쳤는데 아쉬움을 표하고 한 번만 더 하자고 이야기한다. 의욕이 없던 그들에게 매우 이례적인 일이다. 따라서 난 이러한 아이들에게 의욕이 떨어지지 않고 계속 열심히 할 수 있도록 좋은 학습 환경 마련과 의미 있는 과제 선정을 위해 오늘도 고민하게 된다.

사랑

달리는 아이는, 꾸준히 달리는 아이는 내가 볼 때는 나와 현정이었다. 궁금하다. 우리와 다른 아이들의 마음이 어떻게 다른지……. 욕심 많은 인간들에게 마라톤은 다시 생각할 기회를 준다. 결코 시간 낭비가 아니었다. 그것을 알았다. 알아가는 것은 조금뿐이다. 그러나 오래달리기는 그만큼 나를 사랑한다. 나도 그를 사랑한다. 사랑하게 되었다. 샘과 민국 샘이 언제 달리는 걸 본 적이 있는데 이제 그것도 하나의 아름다움으로 보인다. 많이 느낄수록 풍부해진다. 만약 인생을 마라톤에 비교한다면…… 아니 이 타원에서 도는 오래달리기에 비교한다면 우리 인생은 꾸준함이고 신비다. 달리면 앞서가던 아이도 따라잡을 수 있고 원이기에 누군가와 만나기도 헤어지기도 그리고 아예 안 만나기도 한다. 수학 문제 같기도 하고 인간 아니 인간관계 같기도 하다. 이런 현상에서 오래 걸리더라도 결승점을 통과하기만 하면 그 인생은 완성이고 완성된 기쁨이며 영혼이 더 자란 시간이 된다. 1등이 있어도 그만 환영받지 않으며 통과하면 모두 환영받는다. 골고루 꾸준히 달리다가 생을 마감하더라도 그 꾸준함으로 위로받는다. 오래달리기는 결코 욕심 부려서는 안 된다. 욕심내서 빨리 뛰면 금방 지쳐 멀리 가지 못한다. 욕심은 금물이라는 것을 다시 생각해 보았다. 그렇다⋯⋯ 그건 슬프

30분 달리기

면서도 신비로운 것이다. 남을 완전히 내 안에 두고 싶어 하는 현대에 아니⋯⋯ 인간의 본성⋯⋯ 서로에게는 거리가 있다는 것⋯⋯ 서로는 다르기도 하다는 것⋯⋯ 오래 달리면서는 남과 이야기하기 힘들다. 그 덕분에 자아에 깊이 들어가 볼 수도 있으며 시끄러운 인간에게 침묵을 가르쳐주는 기회로 여길 수 있다. 이번 교훈이 생각으로 끝나지 않게 노력해야겠다. 신비한 것이다. 그 모든 시간이 신비로웠다. 신비⋯⋯ 오래달리기다.

서윤희, 2004. 10. 14. 반성 일지.

학생들이 체육 수업에서 경험하는 '사랑'은 '쾌감, 후련함, 감동·감격, 아름다움, 사랑' 등의 내용이다. 여학생들은 남학생에 비해 신체 활동의 경험이 많지 않고 성공과 성취의 경험이 적다. 그래서 단순히 야구 글러브를 끼고 공을 하나 던지고 잘 받는 경우, 엑슬라이더를 타고 전진하지 못하다가 앞으로 나아가게 되는 경우, 네트에 늘 걸리던 배구

공이 네트를 넘어갔을 때, 팀원이 친구들과 배턴을 잘 주고받아 기록이 2초 단축되었을 경우, 4연패 뒤에 팀의 단결로 승리를 쟁취했을 때 아이들은 환호하며 감동하고 그 속에서 서로에 대해 아껴주는 마음을 느낀다고 한다.

학생들은 수업에서 교사가 제시한 학습 과제를 수행하면서 성공과 성취를 만나 감동하고 통쾌해하며 감탄했다. 그리고 멋진 동작, 열심히 하는 자기 모습과 팀원의 모습에서 사랑을 느끼기도 했다. 그리고 과제 몰입의 과정에서 타인의 행동을 아름답게 느끼는 학생도 있었다. 체육 수업의 목적이 운동 기능의 향상에만 있는 것이 아니라 학생들의 전인적 인격 형성에도 중요한 기능을 하고 있음을 보여준다. 헬리슨Hellison 은 체육 교육의 목적을 '무책임'으로부터 '자기 통제 능력'을 거쳐 '남을 아끼는 마음'으로 옮겨지는 자아 발달 단계를 거치는 것이라고 주장했다. 나도 아이들에게 무책임에서 벗어나 자신을 아끼고 타인을 배려하는 사람으로 성장했으면 하는 바람을 가지고 수업을 진행한다.

부러움

　　오늘도 역시 던지고 받기와 배팅이란 걸 했다. 자세를 낮추고 힘을 줘서 탕! 쳐야 하는데 계속 헛스윙을 하거나 공을 그냥 건들기만 했다. 무척 어렵다. 애란이는 배팅을 되게 잘했다. 짜식 체육도 잘하고 부럽다. 내일은 뭘 할까 궁금하다. 배팅을 나도 잘했으면 좋겠다.

윤주희, 2004. 5. 28. 반성 일지.

학생들이 가지게 되는 '부러움'은 모두 잘 뛰고 잘 달리며 멋지게 높이뛰기 바를 넘는 등 신체 운동 능력이 뛰어난 친구들을 자신의 처지와 비교해보면서 느끼는 것이다. 신체의 움직임이 중심이 되는 운동장 수업이기 때문인지 학생들이 체험하는 '부러움'은 모두 운동 기능에 국한된다. 학습 과제를 멋지게 잘 수행하는 친구들을 보면서 자신들도 과제를 잘 수행하고 싶은

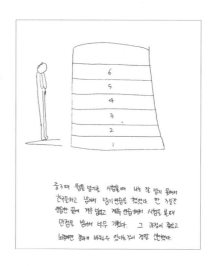

간절한 바람이 '부러움'으로 경험되고 있는 것이다. 학생들 인식 속에 체육 시간은 운동 기능을 향상시키는 시간으로 각인되어 있다. 체육 시간에 운동 기능이 떨어지는 학생들은 어떤 친구로부터도 선택을 받지 못하는 비참함을 경험하며 팀 경기나 다른 개인 경기에서도 자신의 위치를 잡지 못하고 방황하는 경우가 많다.

　　정말 쪽팔려 죽겠어요. 아무도 나를 선택하지 않아요. 저도 운동을 못하는 것은 알지만. 한 명 한 명 불려 나가고 운동 못하는 애들만 남아요. 참 이렇게 되는구나 싶기도 하고. 앞에서 친구들이 나를 한심하게 본다고 생각하면 미쳐버릴 것 같고, 그들이 개 부러워요.

　　　　　　　　　　　　　　　　　　　　　　　　　　김 봄.

　따라서 운동을 못하는 학생은 수업에서 좌절감과 굴욕감을 겪게 된다. 이러한 굴욕감과 좌절감에서 벗어나기 위해서 모든 학생들은 체육

시간에 운동을 잘하고 싶은 소망을 갖고 신체 능력이 뛰어난 친구들에게 질투심을 느낀다. 운동 기능이 떨어지는 아이들은 자신들에 대한 차별적인 대우를 벗어나려고 지금의 현실을 극복하고자 한다. 그들에게 운동을 잘하는 아이들은 선망의 대상이다. 체육 수업 공간은 운동을 잘하는 아이들만 있는 곳이 아니다. 그런데 아이들은 운동을 잘 하는 아이들만 있어야 될 곳처럼 생각한다. 그래서 나는 체육 수업이 이루어지는 공간인 운동장이 운동을 잘하는 사람과 운동을 잘 못하는 사람이 서로 배우면서 함께하는 곳이라는 사실을 과제 수행을 하는 과정에서 가르치고자 노력한다.

인내심

마지막 오래달리기다. 오늘만은 정말로 나를 이겨보고 싶은 마음에 걸어도 만점, 느리게 뛰어도 만점이지만 1등을 노려보았다. 오버페이스를 하지 않고 일정하게 뛰다 보니 20분이 훌쩍 넘었고, 난 1등으로 달리고 있었다. 하지만 20분 후에는 선생님을 지나칠 때마다 너무나도 힘겹고 고통스러웠다. 앉아서 쉬고 싶었지만 끈기 있게 페이스를 유지하기 위해 계속 달렸다. 30분까지 완주를 하니 공기가 너무 고마웠고, 엄청난 만족감에 기분이 아주 좋아졌다.

김윤수, 2004. 11. 13. 반성 일지.

학생들이 경험하는 '인내심'은 운동장에서 수행하는 과제가 너무 힘들거나 어려워서 포기하고 싶은 마음이 생길 때 이를 악물고 끝까지 해내려는 마음의 경험이다. 이때 학생들은 승자도 패자도 아닌 자기 자신의 아름다운 내면과 싸움을 한다. 인내심은 아이들에게 또 다른 세계를 경험하게 하였다. 그전까진 늘 학교에서 다른 친구들을 이기려고 안간힘을 썼으며 그 과정에서 친구들에게 좋은 평가와 인정을 받고 싶었다. 그런데 인내심은 그런 경험과 달랐다. 친구들의 인정이 아닌 '내가 나를 인정할 수 있는가'라는 경험이었다. 아이들은 인내심을 통해 세상에서 가장 힘겨운 상대가 남이 아니고 바로 자기 자신임을 깨달았던 것이다.

배려

온몸이 다 쑤신다. 내가 너무 무리했나? 다리도 아프고…… 그래도 1시간을 충실히 시합에 임했다. 그런데 실책이 너무 많아서 전 시간보다 잘한 것은 아니었다. 나는 분명히 잡았는데 공이 자꾸 빠져나갈 때는 우리 팀 아이들에게 미안하기도 했고…….

박신아, 2004. 6. 11. 반성 일지.

학생들이 체육 수업 시간 중 체험하는 '미안함'은 과제 수행을 위해 운동장을 달리고 뛰면서 경험한다. 아이들은 과제 수행에서 울고 웃기도 하지만 그 과정에서 잘하지 못했을 경우 자신과 동료에 대해 미안한 생각을 갖게 된다. 특히 팀 경기(배구, 소프트볼, 이어달리기, 핸드볼 등)를 하는 경우 학생들은 자신의 '운동 기량이 떨어져' 일어나는 실수나 실책으로 팀이 득점을 해야 할 상황에서 득점을 못하거나 팀이 승리해야 할 상황에서 패배를 하는 경우 팀원인 친구들에게 미안해하는 경험을 하게 된다. 따라서 팀 경기는 학생들에게 팀을 위해 자신의 기

량을 향상시키려고 노력하는 사
람이 되도록 만든다. 그 결과 기
량이 떨어졌던 친구는 팀에 도
움이 되는 사람으로 거듭나기
위해 노력하는 '이타성'을 자연
스럽게 터득한다.

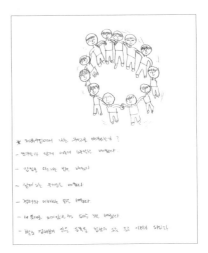

학생들은 주변에 있는 사람
들과의 관계에서 책임 있는 행
동으로 자신의 잠재력을 성장시
켜나갈 수 있음을 보여주었다.

체육 수업에 참여하는 학생들 중 특히 운동 기능이 떨어지는 남학생이
나 여학생들은 수업 시간 중 이루어지는 팀 활동에 다양한 핑계를 대
면서 참여를 꺼려 하거나 기피하는 현상이 있다. 이는 아이들이 자기
로 인해 팀이 어려움에 처함으로써 받게 되는 비난을 피하기 위한 것
이다.

> 오늘 야구를 했다. 분명 내가 배트를 휘두를 차례였는데 동수가
> 나섰다. 재수 없다. 물론 내가 치면 아웃 되었겠지. 그래도 하고 싶었
> 는데. 우리 팀이 3대 1로 지고 있었고, 동수는 운동을 잘하기 때문에
> 내가 할 말은 없다. 좆나 기분 나쁘다. 그러나 내가 하다 아웃 되면
> 아이들이 모두 나를 쳐다보며 비난할 것이 뻔했다. 오늘은 재미없고,
> 기분도 꽝이다. 김승태. 10. 2. 반성 일지.

운동 능력이 떨어진다는 이유로 아이들은 스스로 운동을 기피하기도 하지만 친구들에 의해서 운동할 기회를 빼앗기기도 한다. 설령 기회를 빼앗긴다 하더라도 항변을 하지 못한다. 운동할 기회를 뺏기면 성장할 기회를 빼앗기게 되는 것과 같다. 따라서 교사는 운동장에서 운동 능력에 따라 차별받지 않도록 아이들을 배려하는 노력을 해야 한다. 나는 아이들 사이에 기회 박탈이 발생하지 않도록 팀 게임을 하는 경우 아이들에게 다음과 같이 강조하고 수업을 진행한다. "선생님은 차별하는 것을 정말 싫어한다. 특히 너희가 운동 능력으로 친구들을 차별하는 것은 정말 싫다. 운동 능력이 없다고 친구의 기회를 빼앗는 사람은 나쁜 인간이다. 이 말을 잘 기억하기 바란다." 교사인 내가 노력하여 좋은 학습 환경을 만들어주면 학생들은 저마다 이기적인 마음을 이겨내고 친구들과 협동하고 서로 배려하는 모습으로 성장하게 된다.

학생들이 체육 수업에서 만나는 부정적 정서 경험

불안

오늘은 사격 첫 시간이었다. 방학하기 전에 한다고 하고선 못해서 많이 아쉬웠는데, 드디어 오늘 사격을 하게 됐다. 처음치고는 예상외로 잘되었다. 모르고 할 때가 잘된다는데, 나중에 여러 번 하고 나면 안 될까 봐 벌써 걱정이다. 강인정, 2004. 8. 27. 반성 일지.

학생들이 경험하는 '불안'은 체육 수업에서 피해 갈 수 없는 부분으로 '걱정, 긴장, 염려, 불안'이다. 이는 아이들이 체육 수업의 과제 수행에서 있을 것 같은 위협이나 위험에 대한 걱정으로 인해 유발되는 정서 경험이다.

　체육 수업 활동 속에서 일부 남학생과 여학생들은 자신의 성공과 성취를 스스로의 노력으로 이루어낸 소중한 경험임에도 불구하고 자신의 것으로 받아들이지 못하는 경우가 있다. 따라서 성공하고도 불안해하는 특이한 경험을 한다. 또한 운동 기능이 떨어지는 남학생들도 자신이 학습 과제에 성공했을 경우 이를 운이 좋았기 때문이라고 생각했다. 그리고 성공이 다시 반복되지 않을 거라 여기고 미래의 수업에 대해 불안해했다. 마찬가지로 여학생들 중에도 성공을 행운이 찾아왔기 때문이라고 생각하는 경향이 있었고, 성공 자체를 불안해하는 정서 경험을 하였다.

　운동 기능이 낮은 남학생과 여학생이 보이는 성공에 대한 불안은 수업 중 자신을 신뢰하지 못하기 때문이다. 아이들은 자신이 운동 능력이 뛰어나지 않기에 오늘 다행히 성공을 거두었다고 해도 내일 다른 과제를 수행하게 되는 경우 신체 능력이 따라주지 않아 성공할 수 없을 거라는 미래의 불안감에 대한 반응이다.

　그러므로 나는 학생들이 체육 수업 중 성공과 성취를 스스로 기뻐하며 자신에 대해 긍정적인 경험을 자주 할 수 있도록 과제를 선정한다. 그리고 아이들이 활동과 관련하여 진실되고 긍정적으로 경험을 받아들

일 수 있도록 지도한다. 수업 속 아이들의 경험은 늘 부정적인 방향을 향해 있을 수 있다. 왜냐하면 운동을 잘하는 아이들보다 운동을 못하는 아이들이 운동장에는 더욱 많이 있기 때문이다. 따라서 나는 아이들의 경험 방향에 대한 키를 쥐고 있는 교사로서 그들의 불안을 떨쳐내고 긍정적 분위기 속에서 한 발짝 한 발짝 앞으로 나아갈 수 있도록 과제 수행 지도에 최선을 다하려 한다.

우울

> 오늘은 높이뛰기 첫째 시간이다. 태어나서 한 번도 해본 적 없는 높이뛰기…… 나는 왜 이러는 걸까? 오늘 또 망했다. 선생님이 용기를 가지고 해보라고 하셨지만 난 높이뛰기 바를 향하여 한 발자국도 움직일 수 없었다. 정말 내 자신이 한심하게만 느껴진다. 체육 시간만 되면…… 그리고 머리도 아팠다. 노은소, 2004. 4. 9. 반성 일지.

학생들이 수업 중 만나는 '우울'은 '슬픔, 후회, 실망'이다. 운동장에서 학생들이 허들을 넘고 야구 방망이로 공을 멀리 날려 보내며 환호성을 올리기도 하지만, 한쪽에서는 허리 정도의 높이인 허들을 높다고 생각하며 또는 자신의 키보다 높게 설치된 높이뛰기 바를 쳐다보며 그리고 친구가 던진 공을 글러브로 잡지 못하고 떨어뜨렸을 때, 배드민턴 라켓으로 셔틀콕을 치지 못하고 번번이 헛스윙을 하는 경우에 아이들은 스스로 '한심하다, 망했다, 허탈하다, 우울하다, 어이없다' 등의 정서 경험을 하게 된다. 이러한 경험은 '시험 결과가 좋지 않아, 학습 과제 수행을 잘하지 못해' 느끼는 부정적 경험이다.

아이들이 경험하는 우울은 수업에 열중하게 하지 못하는 최대의 적이다. 또한 우울은 학생들이 운동 기능에 실망하여 자신감을 잃게 되고 과제에 대한 도전의식을 상실하게 만든다. 즉, 아이들이 경험하게 되는 우울은 과제 수행에서 '친구들의 칭찬과 책망'에 촉각을 곤두세우고 있는 상황에서 발생했기 때문에 더욱 심각한 것이다. 과제를 실패하거나 과제에서 도망가는 행동을 반복하다 보면 '노력해도 소용없다'는 생각이 지배하여 아무것도 하지 못하는 무기력한 태도를 갖게 된다. 그래서 학생들이 수업 중 만나게 되는 실패에 대한 걱정, 못난 놈이 되어 친구들로부터 버려지는 관계의 파괴로 인해 갖게 되는 슬픔으로 자존심에 상처를 입고 자신의 이미지에 손상을 입는다.

그래서 나는 학생들이 과제 수행에서 겪게 되는 슬픔, 걱정, 좌절은 학습의 과정에서 운동 기량을 향상시키려고 노력하는 사람은 누구나 경험하는 과정임을 반복하여 가르친다. 수업 시간에 과제를 연습하는 사람에게 성공과 실패는 연습의 과정에서 자연스럽게 일어나는 것이다. 그리고 특히 학생들에게 실패는 반복되는 연습을 통해 '성공'이 된다는 사실을 경험하게 하려고 노력한다. 즉, 수업에서 실패는 성공으로 가는 과정에서 누구나 경험하게 되는 것이므로 결코 스스로를 '실패자' 또는 '무능력자'로 낙인찍지 않도록 하는 데 마음을 다한다.

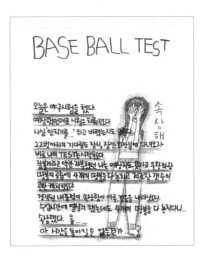

분노

두 번째 스윙을 했는데 마찬가지로 헛스윙이었다. 그리고 세 번째, 네 번째도 모두 헛스윙을 했다. 앞에 친구들도 많은데 X팔려서 얼굴이 화끈화끈했고, 은근히 화가 났다. 임효동, 2004. 5. 24. 반성 일지.

학생들이 경험하는 '분노'는 '창피, 짜증, 기분 나쁨'이다. 그들이 수업에서 예상되는 목표를 달성하는 데 방해를 받았을 때, 자신의 자존심이 누군가로부터 상처를 입었다고 생각할 때, 그리고 과제 수행에 있어 위협을 당한다고 느꼈을 때 발생하는 정서 경험이다. 즉, 수업 속에서 아이들은 학습 과제가 난생 처음 해보는 경우에 어이없어했으며, 또한 열심히 했는데 시험 결과가 원하는 만큼 나오지 않아 짜증스러워했다. 그리고 체육 시간에 활동을 기피하던 학생이 단지 시험에만 참여했는데 좋은 점수를 받았을 때 이를 지켜보던 학생들은 어이없음을 느꼈다. 또한 수업 시간에 친구들 앞에서 처음 시도해보는 과제로 자신이 어리숙한 동작을 했을 경우 쪽팔린다고 생각했다. 특히 여학생들은 운동 능력과 상관없이 남학생 앞에서 자신의 신체를 드러내놓고 운동하는 것을 '쪽팔려' 했다. 왜냐하면 자신의 이미지가 친구들로부터 손상당했다고 느끼기 때문이었다.

그러나 일부 운동 능력이 뛰어난 남학생은 여학생들 앞에서 과제를 수행함에 있어 다른 모습을 보였다. 그들은 자신을 드러내어 자랑하는 기회로 만들고, 여학생들에게 인정받는 무대로 만들려는 의지를 나타냈다. 하지만 운동 능력이 떨어지고 상대적으로 비만인 학생들은 여학생 앞에서 과제 수행하는 것에 대해 분노하였다. 학생들이 수업에서 분노를 경험하게 되면 그들은 자신의 분노를 표출하거나 과제를 회피하는 경향을 보인다. 특히 학급에서 힘이 있는 아이는 스스로 분노를 느끼면 그 분노를 힘이 없는 아이에게 욕을 하거나 폭력을 휘두르는 방법으로 분풀이를 하는 경우가 있다. 이런 경우 힘이 없는 연약한 학생은 수업에서 도망가려는 행동을 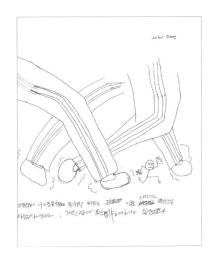 취하게 된다. 따라서 교사인 나는 아이들이 느끼는 분노를 비공격적으로 표현하도록 지도하고, 또한 자신이 입은 상처를 치료할 수 있도록 보다 건설적인 노력에 힘을 쏟을 수 있도록 배려하는 행동을 하도록 유도한다.

공포

허들이 너무 무서워 보였다. 요번 체육 점수는 잘 받고 싶은데 희망이 없다. 무조건 파바박 달려야지. 그런데 허들만 보면 아무 생각도 안 나고 머릿속이 하얘져서 아무것도 안 보이고 무섭게 우뚝 서 있는 허들만 눈에 보여 발을 움직일 수 없었다.

노은지, 2004. 3. 20. 반성 일지.

학생들이 체육 수업 시간 중 경험하는 '공포'는 '무섭다, 두렵다, 겁난다' 등으로 표현되었다.
공포를 경험하는 아이들은
스스로 운동을 잘하지 못
하기 때문에 수업에 적극
적으로 참여하지 않는다고
한다. 공포를 경험하는 학
생들은 교사가 수업을 위
하여 준비한 높이뛰기 바,
뜀틀 그리고 허들을 보는 것만으로 두려움과 공포를 느끼는 것으로 나
타났다. 즉, 과제 수행을 위해 아이들 앞에 놓인 허들, 높이뛰기 바, 뜀
틀 등이 위험하고 위협적으로 보이기 때문에 느끼는 경험이다. 이러한
경우 수업이 시작되어 과제 수행 활동이 본격적으로 시작되면 아이들
은 공포로 인해 과제를 향해 단 한 발짝도 움직이지 못하는 공황 상태
에 빠진다.

요즘에 체육 시간 오는 것이 너무 두려워진다. 정말 단 하나라도
넘어보고 싶은데, 그게 되지 않아서 너무 답답하다. 다른 친구들은
다 열심히 하고 잘하고 있는데 넘지도 못하고 가만히 있는 나를 보면
정말 한심해 보인다. 오늘도 나는 허들을 넘지 못하고 허들을 피해
달리고 있다. 정말 단 하나라도 넘고 싶다. 그냥 점프만 살짝 하면 넘
을 수 있을 것 같다고 생각되는데. 허들 앞에만 딱 가면 아무 생각도
안 나고 무섭다는 생각이 몰려와 자꾸 피하게만 된다.

권성혜, 2003. 3. 22.

학생들이 수업에서 두려움과 무서움으로 대표되는 공포를 만나는 경우 과제 수행을 할 수가 없다. 마음은 간절하게 하고 싶다는 생각을 하지만 몸이 거부 반응을 보이게 된다. 따라서 수업을 지도하는 나는 끊임없는 격려와 주위 친구들의 우호적인 분위기 형성을 위해 노력한다. 왜냐하면 아이들이 공포를 느껴 과제 수행 자체를 하지 못해서 자신의 신체 활동 기회를 포기하고 회피하는 행동을 하게 되기 때문이다. 자신에게 주어진 학습 기회를 포기함으로써 또다시 신체 능력을 향상시킬 수 있는 기회를 잃어버리고 마는 것이다. 아이들에게 학습 기회를 빼앗기 때문에 공포 경험은 문제가 심각하다. 물론 아이들은 살아가면서 공포 경험을 하지 않을 수는 없다. 다만 공포를 만나서 회피하거나 무조건 도피하게 되는 것이 문제이다. 따라서 나는 공포를 느껴 소극적으로 과제 수행에 참가하는 아이들에게 단계적으로 이겨낼 수 있도록 '용기'를 주고 '긍정적 경험'을 할 수 있도록 반복 지도한다. 이는 공포로 인해 아이들의 몸과 마음에 회피와 기피의 습관이 만들어지지 못하게 하기 위한 것이다.

지루함

오래달리기 마지막인데 오늘까지 지겹도록 뛰고 다시는 이거 안 할 거다. 비 오는 날에 뛰기가 싫었지만 어쩔 수 없었다. 그리고 오늘이 오래달리기 마지막인데 오늘까지 지겹도록 뛰고 다시는 이거 안 할 거다. 힘들다. 서다샘, 2004. 11. 10. 반성 일지.

학생들이 수업 시간 중 경험하는 '지루함'은 '따분하다, 지겹다, 지루하다, 의욕 없다' 등으로 표현되었다. 이 정서 경험은 학생들이 학습 과제를 수행하면서 체험하는 내용이다. 체육 수업 시간에 적극적으로 참여하는 남학생들이 지루함을 느끼는 경험이 여학생보다 더 많았다. 학생들은 학습 경험이 성공적이고 학습 진전이 분명한 경우 지루함을 나타내지 않았다. 학생들은 기능과 노력이 요구되지 않는 학습 과제가 반복적으로 이루어지는 수업과 학습 과제가 다양하지 않은 수업에서 지루함을 경험했다. 교사가 제시하는 모든 학습 과제에 대해 수업에 참여하는 학생 모두가 즐겁고 만족할 수는 없다. 다만 교사는 학생들이 수업에서 지루함을 느끼지 않도록 수업을 보다 역동적으로 진행하기 위해 다양한 지도 방법과 수업 환경의 조성이 필요하다.

학생들이 체육 수업 시간 속에서 매우 다양하고 소중한 정서 경험을 하고 있다. 학생들은 체육 수업 과정에서 창피를 당하기도 하고 내가 잘못했다는 후회를 경험하기도 하며, 어떤 경우에는 수업에 대한 아쉬움을 체험하기도 했다. 그리고 수업에서 이루어지는 팀 경기에서는 친구들에게 미안해하는 정서 경험도 한다. 학생들이 운동장에서 뛰고 달리며 체험하는 정서 경험의 세계는 한 가지씩 구분되어 개별적으로 체험되는 것이 아니고, 수업 중에 학생들이 움직이는 과정에서 복합적으로 체험하게 되는 것이다. 학생들이 경험하여 느끼는 정서 경험으로 형성되는 수업 태도는 수업을 보는 눈에도 변화를 주었다. 성공과 기쁨을 맛본 학생들은 수업을 자기실현이 가능한 공간으로 바라보게 되었고, 실패로 인한 두려움, 창피만을 경험한 학생은 체육 수업 공간을 실패의 공간, 두려움의 공간으로 바라보았다. 학생들은 체육 수업에서 하는 신체적 활동과 정서 경험의 과정에서 정신적으로 작은 성장

BB탄 사격 표적지 확인

의 경험들을 쌓아가는 것이다.

　　하하하 내가 잘못 본 거였구나. 총알이 잘 날아가면 그 총알이
보인다. 어디에 맞는지도 대강 알 수 있다. 잘 날아가는 게 보인다면
기분은 최고고 그렇지 않다면 떨림이 없고 더 집중해야 함을 의미한
다. 그냥 탕 하고 쏘면 되는 것이 아니다. 이렇게 섬세함과 집중을 요
하는 아주 부서지기 쉬운 무언가를 다루듯 해야 하는 사격을 살인
과 사냥에 쓴다는 게 이해가 안 된다. 총은 사격에서 위에서 말했듯
이 그렇게 좀이 아닌 조심히 그리고 반짝이는 눈으로 과녁을 보고
정확하게 맞힐 때에만 아름다움을 보여준다. 꼭 나쁜 일에 쓸 궁리
만 하는 인간들 때문에 숨겨진 아름다움을 볼 수 없다. 무엇이든지
간에 거기에서 썩은 것만 찾지 말고 아름다움을 찾을 수 있다면 좋
겠다.　이나소, 2004. 9. 2. 반성 일지.

내가 가르치는 운동장에서 어떻게 하면 학생들이 보다 즐겁고 신나게 달리고 뛰면서 배우게 할 수 있을까? 하는 답을 준 것이 바로 학생들이 수업 시간 중 경험하는 정서 세계의 이해였다. 수업에 늘 지각하는 대수, 준비해놓은 학습 환경에서 자꾸 도망가는 혜수, 체육복을 입고 나오라는 이야기에 교복으로 응답하는 철수, 주어진 과제 앞에서 하는 둥 마는 둥 하는 기수, 팀 경기에서 모든 패스를 자신에게 하라고 친구들을 옥박지르는 지욱, 수업이 끝나 모두 교실로 들어가는데 혼자서 배구공을 모아오는 동호, 무더운 여름 이어달리기 수업을 마치고 돌아서는 나에게 스포츠 음료를 내미는 순석과 현석, "선생님 사랑해요"를 외치는 정민.

수업에서 정말 많은 아이들을 만난다. 나는 아이들에게 배움을 주어야 하는 교사인데, 때론 너무 힘들고 가르치는 일이 어렵다는 생각을 한다. 하지만 또 한편으로 아이들에게서 가르치는 힘과 기쁨을 얻기도 한다. 수업에서 아이들이 보이는 태도와 행동을 통해 일희일비하는 나를 보면서 학습의 주체인 학생들에 대한 이해가 많이 부족하다는 생각을 했다. 그들에 대한 이해가 절실하다는 생각을 했을 때, 나의 수업 일지를 통해 '교사인 나'를 보았듯이 학생들을 깊이 이해하기 위해 그들의 수업 일지를 작성하게 하였다. 그리고 학생들이 솔직하게 작성한 '수업 일지'를 통해 아이들이 수업에서 경험하는 다양한 모습과 그들의 마음을 조금 알게 되었다. 아이들을 더 잘 이해함으로써 정서를 고려한 감성 체육 수업으로 들어설 수 있었다.

수업에서 과제를 수행하는 아이들의 다름을 깨닫다

"어머니, 주말에는 흙을 한 번 갈아엎어야 하지 않나요?" "그래, 이번 토요일에는 흙을 엎어야지. 그래야, 고구마도 심고 고추도 심지." 난 주말이면 삽을 들거나 호미를 들고 우리 집 텃밭으로 나간다. 수십 년 동안 당신의 땅 한 평 없이 도시에서 힘겹게 살아오신 어머니, 그 어머니와 함께 삶을 나누는 노동의 공간이 어느새 텃밭이 되어버렸다. 건설회사가 땅을 구입하여 아파트를 짓고 미묘하게 남은 땅을 어머니와 내가 개간하여 만든 우리 가족의 텃밭이다. 텃밭을 일구고 씨앗을 뿌려 배추, 무, 감자, 고구마, 고추, 땅콩, 옥수수를 수확하면서 아이들을 가르치는 교사로서 새로운 인식을 하게 되었다.

서울 도심에서는 삶의 공간을 만들기가 힘들어 10여 년 전에 서울 근교로 주거 공간을 마련하면서부터 텃밭과의 인연이 시작되었다. 텃밭을 마련한 초기에는 아직 아버지께서 건강하시어 어머니와 함께 밭을 가꾸셨다. 힘든 일은 아버지께서 다 하셔서 특별히 내 힘이 필요하지 않았다. 나는 텃밭에서 수확한 무공해 상추와 고구마를 먹기만 했다. 그런데 아버지가 돌아가신 뒤부터 어머니께서 홀로 밭을 가꾸기엔 힘에 부쳤다. 그러다 보니 자연스럽게 내가 텃밭에 나가 일하게 되었다. 황토밭을 맨발로 밟을 때의 그 감촉을 나는 아직도 생생히 기억한다. 그 감촉이 너무 좋아서 우리 집 아이들에게도 기회가 될 때마다 맨발로 흙을 밟을 수 있게 배려한다. 난 도시의 여느 아이들처럼 자랐다. 쌀이 어떻게 생기는지, 무, 배추, 시금치 등은 언제 심고 캐는지 전혀 알지 못했다. 그런데 어머니와 함께 텃밭을 가꾸면서 고추와 감자, 고구마를 가꾸는 법을 조금씩 알아갔다.

고구마, 감자, 옥수수, 고추씨를 뿌리고 가꾸면서 교사로서 나를 반성하는 기회를 갖게 되었다. 그해에도 별 생각 없이 어머니를 도와 봄에 흙을 엎고 퇴비를 사다가 땅에 뿌렸다. 그리고 가을에 고구마를 캤다. 그런데 고구마 줄기에 고구마가 주렁주렁 매달려 나오는데, 어어! 이놈들이 그 크기며 생김새가 다 달랐다. 난 막상 고구마를 캐면서는 그 사실을 알지 못했다. 아마 수확의 기쁨에 취해 캐는 데에만 정신이 팔려 있었기 때문일 것이다. 난 정말 신기한 일이라고 생각했다. 어떻게 같은 씨앗, 같은 태양, 같은 하늘 그리고 심지어는 같은 땅에서 자라면서 이렇게 다를 수가 있는 것인가? 하나도 같은 게 없다니! 나에게는 그것이 신선한 충격이었다. 그 같은 사실을 알기 얼마 전부터 난 학생들을 가르치는 데 최대의 위기를 맞고 있었다.

대학을 졸업하고 교단에 서기까지 어려움이 많았다. 그래도 운이 좋았던 탓인지 학교에서 아이들을 가르칠 수 있게 되었다. 세상을 다 얻은 듯 기뻤다. 그래서 난 내가 가지고 있는 모든 것을 다 바치려는 마음으로 미친 듯이 교실에서 그리고 운동장에서 열정을 쏟아냈다. 24시간 수업으로 엉덩이를 의자에 붙여 잠시 쉬어보지도 못했지만 하나도 힘들지 않았다. 수업 속의 초롱초롱한 눈망울들이 나를 바라보고, 나를 따라주어 행복했다. 아이들이 운동장에서 즐겁게 뛰고 달리는 모습을 지켜보는 것이 너무 좋았다. 그래서 쉬는 시간에 나무 그늘에 그대로 앉아 쉬다가 수업 시작종이 울리면 다시 수업을 하였다. 선배 교사들의 따가운 눈초리에도 아랑곳하지 않고 오직 교육에 대한 열정으로 아이들을 만났다. 아이들은 교사가 보인 열정을 몸으로 느끼고 그 이상으로 변화하고 발전한다고 굳게 믿었다. 내가 아이들에게 뿌린 만큼 거둘 수 있다고 생각했다. 아이들이 내가 보여준 열정을 따라서 성장한다고 생각했다. 내 이런 열정 때문인지 신학기에 교장 선생님이 내 이름을 호명하며 담임을 소개하는 순간 "와와." 하는 아이들의 뜨거운 환호를 받을 수 있었다. 그것은 내 교육적 이상이 아이들에게 통했기 때문이라고 생각했다. 교실에서도 운동장에서도 아이들 앞에 선 나는 언제나 당당했고 자부심도 컸다.

내가 체육을 가르치고 담임을 맡고 있는 아이들은 나를 중심으로 일사불란하게 움직이고 있었다. 교사가 심어주는 가치관과 열정 그리고 소망을 온전히 받아 그들의 꿈과 이상으로 키워가고 있다고 생각했다. 교사가 노력하면 아이들은 저마다 교사의 이상만큼 잘 자란다고……

그런데 세 번째 학교에서 이상 기류가 나타나기 시작했다. 나는 달라진 것이 없다고 생각하는데, 아이들과 내가 서로 다른 곳을 바라보고 있는 것이 느껴졌다. 담임인 내가 이야기하는 것에 대해 노골적으로 반감을 보이는 아이도 나타났다. 그리고 상식적으로 생각할 때 정말 있을 수 없는 일을 서슴지 않고 행하는 아이들이 등장했다. 일요일에 공원에서 대낮에 모여 앉아서 자기들끼리 술판을 벌이는 것도 모자라 고성방가를 하여 경찰에 연행되고, 방송국에 공연을 보러 간다고 수업시간에 말없이 사라지고, 장애가 있는 같은 반 친구를 이용하여 수업을 방해하게끔 사주하는 등의 일들이 일어났다. 도저히 이해할 수가 없었다. 어떻게 이럴 수가 있는가? "인간도 아니다. 정말 나쁜 놈들이다." 하며 울분을 표했고 그러면서 교사로서 좌절감에 빠졌다. 교사로서의 열정도 다 소용없는 것처럼 느껴졌다. 왜 내가 이렇게 살아야 하는가? 교단에 선 지 10여 년 만에 교사로서 산다는 것이 참으로 힘들

다는 생각이 들었다. 다른 곳으로 탈출하고 싶었다. 그래서 대학을 기웃거리기도 하고, 이리저리 방황도 했다.

이처럼 위기의 순간에 나는 텃밭을 가꾸면서 내가 미처 보지 못했던 것을 보게 되었다. 그전까지 나는 아이들에게 주는 열정, 희망, 가치관 등을 다들 똑같이 받아들이고 성장해야 한다는 편협한 생각을 하고 있음을 비로소 깨달았다. 내가 가르치는 아이들은 내 울타리 안에서 자라는 내 아이이고, 내가 키우는 내 제자라고 여겼다. 그래서 난 그들이 다른 곳을 바라보고, 다른 꿈을 꾸며 다르게 성장하는 개별화된 존재임을 깊이 생각하지 못하는 우를 범하고 있었던 것이다. 즉, 나는 '수업을 잘하는 교사, 열정이 있는 교사'라는 기준에 사로잡혀 나의 평판을 관리하는 한편, 동료 교사와 학생들에게 내 입장만을 정당화하고 있었던 것이다.

같은 땅, 같은 태양, 같은 바람, 같은 씨앗 그리고 같은 줄기임에도 한 뿌리에서 난 고구마들은 제각각이었다. 왜 나는 그들의 다름을 보지 못했던 것일까? 어떻게 모든 아이들에게 나의 이상과 가치를 전수할 수 있다고 몸부림쳤던 것일까! 나는 오로지 내 경험 속에서만 나를 보고 있었으며, 나를 기준으로 삼아 아이들을 예단하여 가르친 것이었다. 나만 열심히 하면 아이들도 따라오고 좋은 제자로 성장하리라 믿었던 것이다. 아이들을 한 줄로 줄 세우고 내 방식대로 그 줄에서 이탈하는 아이를 못마땅하게 여기고 통제하기를 주저하지 않았다. 왜냐하면 그들은 아직 어리고 삶이 깊지 못하므로 내가 목자가 되어 그들을 인도하는 것이 옳다고 여겼기 때문이다. 나의 가치로 나의 기준으로 그들을 보고 재면서 도달할 수밖에 없는 상황에 다다른 것이었다. 열정의 안개가 걷히면서 난 스스로 내 교육적 허상을 보게 된 것이다.

어제도 텃밭에 나갔었다. 호미를 들고 비로 쓸려 나간 흙을 걷어 올려주었다. 방울토마토들이 경쟁하듯이 자라고 있는 모습이 보기 좋았다. 드문드문 빨갛게 옷을 갈아입은 녀석들도 있었고, 대부분은 아직 파란 옷을 입고 있다. 다르다. 요놈들의 익는 속도가 다르다. 방울토마토들도 같은 태양과 같은 줄기에서 자라는데도 다른데, 어찌 아이들이 같은 교실 같은 교사 아래에서 배운다고 모두 같은 생각을 하고 같은 방향을 바라보아야 한다고 생각했을까? 정말 나의 어리석음이 놀라울 뿐이다. 텃밭에서 고구마와 감자를 심고 캐면서 비로소 한 줄기에서도 다를 수 있다는 사실을 보게 되었고, 다양성을 인정하게 되었다. 다름과 다양성이 내 속에 자리 잡으면서 수업에서 아이들을 만나는 데 한결 여유가 생겼다. 오늘 높이뛰기 수업 시간에 성혜는 높이뛰기 바를 바라보다가 달려와서는 그 앞에 서고 만다. 반면에 승혜는 물

만난 물고기처럼 높이뛰기 바를 훌쩍훌쩍 뛰어넘는다. 그 뒤를 따라서 승희, 은미, 영주, 나영, 현주가 몸을 날리고 바를 넘어간다. 그러나 성혜는 땅에서 발이 떨어지지 않는다. 그래도 성혜에게 왜 넌 다른 아이들처럼 넘지 못하느냐고 소리치지 않는다. 다만 성혜를 보고 미소 짓는다. 성혜한테서 "나도 저 바를 넘고 싶어요"라는 간절한 바람을 엿볼 수 있었기에 보내는 미소다. 다만 그 능력이 따라주지 못해 마음과는 다르게 하지 못하는 것뿐이다. 얼마나 마음이 아플까? 얼마나 다른 아이들처럼 바를 넘어보고 싶을까? 그런데 난 그것을 보지도 듣지도 못했던 것이다. 왜 하지 않느냐고, 다른 아이들처럼 해보라고, 아이들을 몰아세우기만 했을 뿐이다. 하지 않으면 배울 수 없고, 또 느낄 수 없고, 해야만 한다고 내 관점에서만 말하고 행동했다. 아이들의 입장에서 왜 할 수 없는지, 왜 못하는지 생각하고 느끼려 하지 못했다.

고구마가 말했다. "우리는 한 뿌리인데도 이렇게 달라요." 방울토마토도 말한다. "우리는 한 가지에서 자라는데도 이렇게 다른데." 난 텃밭을 가꾸며 내가 어느 책에선가 보았을 '다름'을 몸으로 보게 되었고, 머리로만 이해했던 '다양성'을 가슴으로 받아들이게 되었다.

아이들이 같을 수 없고 다양하다는 사실을 온몸으로 받아들이고부터, 나는 수업 시간에 달리고 뛰는 아이들을 다르게 보게 되었다. 어떤 아이는 높이뛰기를 잘하고, 어떤 아이는 고도의 집중력으로 표적지를 향해 방아쇠를 당기는 사격에 재능을 보이고, 거북이 같은 인내심으로 운동장에서 30분 달리기로 그 능력을 유감없이 발휘해 자신에게 감동하는 아이도 있음을 알게 되었다. 그래서 난 아이들이 다르고 다양하기 때문에 수업의 내용도 다양하게 가져가야 한다는 사실을 알게 되었으며, 이를 실천하고 있는 것이다. 교실에서도 아이들에게 교사가 사랑도 주고 가치도 전달하며 그들의 생각까지도 변화시키려고 하지 않는다. 다만 그들에게 필요한 것이 무엇이며, 그들이 무엇 때문에 아파하고 두려워하는지 알기를 희망하고 이를 제거하는 데 마음을 쓴다.

모든 것을 내가 줄 수도 없고, 또 그렇게 할 필요성도 없음을 깨달았다. 아이들은 내가 아니고 내가 무엇인가 전수하여 만들어낸 나의 제자도 아니다. 그들은 그들의 꿈과 영혼을 가진 독립된 인간이다. 다만 아이들은 각자의 몫 안에서 기뻐하고 슬퍼하며 성장할 뿐이다. 나는 아이들이 잘 성장할 수 있도록 그들이 필요로 하고 요구하는 것을 제때에 공급해주면 그뿐이다. 마치 텃밭에 고추를 심고 고구마를 심었는데 비가 오지 않으면 물을 주고, 주위에 풀이 무성하게 자라면 풀을 뽑아주듯이, 아이들이 스스로 배우고 성장하는 데 적절한 환경을 조성해줄 뿐이다.

텃밭에서 주렁주렁 달려 빨갛게 익어가는 방울토마토와 매운 맛을 채워가는 고추가 잘 자랄 수 있도록 풀을 뽑고 기둥을 세워주었다. 모든 조건이 같다고 하여 똑같이 빨갛게 익고 매운 고추가 되는 것은 아니다. 그러나 저마다 빨갛게 익고 매운 고추가 되기 위해 노력하며 성장하고 있다는 사실을 보게 되었다. 마치 오늘은 파란 방울토마토가 내일은 빨갛게 되기 위해 달리고 있는 것처럼. 오늘 그 모습이 똑같지 않다고 하여 그들이 성장하기를 원하지 않는다거나 포기한 것이 아니라 꾸준히 성장을 갈망하고 있음을 보게 되었다. 다만 개인의 능력에 차이가 있어 그 속도가 다를 뿐이고, 또 지향하는 바가 다르므로 다르게 나타날 수 있다는 것만이 다를 뿐이라는 사실을. 교사인 나에게 다름과 다양성을 받아들이게 한 텃밭. 난 텃밭에서 내가 무엇을 하고 어떻게 아이들을 만나야 하는지를 배웠다.

운동장의 마술사

축구를 너무나 좋아하여 언제나 '선생님, 축구해요'를 외치는 영호, '선생님, 이제 우리 허들 끝나면 뭘 배워요'라고 물으며 벌써부터 다음 수업을 기다리는 수경, '오래달리기는 절대 하지 말아요'를 외치는 철호, 그런가 하면 체육 시간에 어떤 과제가 제시되어도 흥미를 나타내지 않는 희수와 동수가 있다. 내 수업에 이처럼 다양한 학생들이 존재한다는 사실을 미처 알지 못했다. 체육 수업을 열심히 해야 한다는 생각으로 학생들에게 무엇을 가르칠 것인지만 생각하고, 내가 가르치는 학생들을 이해하려는 생각을 하지 못했다.

8년을 남학교에서 가르치다가 남녀공학에 부임하고 나서 나는 수업에 '다른 학생이 있다'는 사실을 알게 되었다. 여학생을 지도하는 일은

힘들고 어려웠다. 그리고 그들을 이해할 수 없었다. 몇 번이고 설명과 시범을 반복해도 막상 동작을 실행시키려 하면 또다시 "선생님, 어떻게 해요?" 하고 묻는다. 이런 일들이 발생하기 전까지 나는 학생들이 모두 과제를 잘 이해하면서 수행할 거라고 생각했다. 그러나 제시된 과제를 어떻게 수행해야 할지 몰라 당황해하고, 과제를 기피하거나 회피하는 학생들을 목격했다. 그때 알게 되었다. 내가 수업에서 보려 했던 학생들은 과제에 열심히 참여하고 기쁨과 성공을 거두는 이들이었다는 것이다. 나는 그들을 통해 내가 교사로 잘하고 있음을 확인하려고 했던 것이다. 나는 나의 수업에 참여하는 학생들이 누구인가? 하는 문제를 비로소 진지하게 생각하게 되었다. 그들이 신체적 능력 면에서 저마다 다르다는 사실을 깨달았다.

준희가 허들을 하지 않는다. 집에서는 허들을 넘기 위해서 노력도 하고 있다고 한다. 그래서 보다 낮은 허들에서 연습할 수 있도록

배려도 하였다……. 준희와 같은 아이들을 위해 수업의 조건을 달리
하여 그들을 배려해도 참여를 하지 않는다. 왜 그럴까? 운동, 즉 신체
활동을 잘하지 못하기 때문일까. 그로 인해 형성된 무기력, 자신 없
음 때문이다. 허들 수업이 그들에게 무능력과 좌절, 공포, 실패를 쌓
는 시간으로만 느껴진다면 수업은 그들에게 실패한 것이다…….

2006. 4. 3. 수업 일지.

나의 체육 수업에서 무엇인가 배우려고 하는 학생들이 특히 신체적
능력에서 차이가 있음을 알게 되었다. 그래서 서로 신체 활동 능력이
다른 학생들에게 맞춤형 학습 환경을 조성하는 데 관심을 갖고 실천하
기 시작했다. 신체 활동 능력이 좋은 학생은 어떠한 상황에서도 적극적
으로 참여를 하지만, 신체적 능력이 부족한 학생은 참여가 쉽지 않다.
그래서 조금 능력이 부족한 학생들이 과제에 흥미를 갖고 참여할 수
있는 조건을 마련해주고자 했다. 맞춤형 학습 환경 조성은 학습의 방
관자를 만들지 않고 모두의 참여를 보장하려는 전략적 발상이었다.

이러한 전략적 발상은 수업에서 학생들의 정서를 반영해야 한다는
또 다른 신념에서 비롯되었다. 학생들은 체육 수업에서 과제를 수행하
며 기쁨, 즐거움, 분노, 절망감, 자부심, 수치심, 죄책감, 공포 등의 다양
한 정서적 경험을 하고 있다. 학생들은 과제 수행을 멋지게 해냈을 때
환호하고 즐거워했으며, 자신에게 패스된 공을 잡지 못하거나 처리하
지 못했을 때 수치심과 함께 죄책감을 느꼈다. 또한 친구들과 팀을 이
루어 공동의 목적을 달성했을 때 강한 소속감과 자부심을 경험하게
된다. 그리고 수업을 위해 교사가 준비를 어떻게 했는가에 따라서도 정
서적 경험을 하고 있었다. 예를 들면 8개의 코스로 그려진 이어달리기

선을 보면서 '재미'있을 것이라는 선입관을 가졌고, 티볼 게임을 위해 준비된 게임 환경으로 참여하기도 전에 '기쁨'을 맛보았다. 그리고 선생님이 운동장에 가져다 놓은 육상 높이뛰기 매트와 체조 뜀틀 7단을 보는 것만으로도 '공포'를 느꼈다.

나는 체육 수업에 참여하는 학생들을 정서적으로 이해하게 되었다. 물론 이것은 학생들을 관찰하면서 얻은 것도 있지만, 2003학년도부터 학생들이 작성한 체육 수업 일지가 큰 도움이 되었다. 학생들을 가르치는 교사로서 내가 가르치는 '학생들이 누구인가'를 비로소 조금 이해하게 되었다. 그리고 수업의 과정에서 갈등이 생기거나 풀리지 않는 문제가 있으면 운동장을 달렸다. 운동장을 달리는 일은 나를 돌아보게 하고, 수업을 깊이 들여다보게 하는 수단이다. 달리기는 좋은 수업에 이르게 하는 또 다른 길이 되어주었다.

나는 학생들의 수업 일지를 통해 학생들이 누구인지 이해하게 되었다. 그리고 학생들에게 무엇을 가르쳐야 할지, 학생들이 수업에 즐겁게 참여할 수 있으려면 어떤 준비를 해야 하는지 알게 되었고, 이를 실천할 수 있는 열정과 헌신을 가졌다. 그 결과 나는 수업에서 학생들과 신체적으로뿐 아니라 정서적으로도 소통하게 되었다. 그래서 나는 스스로를 "운동장의 마술사"라고 칭하였다.

서울 잠실고등학교

오래된 길, 나의 전통을 만들다(2007년~현재)

나는 학생들의 과제 수행을 돕기 위해 아침 7시부터 운동장에 라인을 그린다. 내가 그리는 백색의 라인을 보며 웃는다. 학생들이 준비된 학습 환경에서 즐겁게 신체 활동을 하는 모습을 상상하며 짓는 웃음이다. 창문을 통해 이런 나를 바라보던 창수는 "선생님, 우리 학교에서 제일 고생하시는 것 같아요. 샘, 사랑해요." 외쳤다. 난 학생들의 사랑을 먹고 산다. 그들이 내가 제시한 과제를 수행하며 행복해하고 즐거워하면 나도 행복해진다. 그러나 그들이 과제 수행을 어려워하면 무엇이 문제일까? 하고 수업을 반성적으로 돌아보게 된다. 난 오늘도 학생들을 잘 가르쳐 배울 수 있도록 하는 데 열정을 다한다. 그런 나의 모습에 학생들이 움직이기를 희망한다. 내가 그들을 위해 준비하고 계획하는 모든 과정들이 교사의 헌신과 열정으로 이루어지는 것임을 느끼기를 바란다. 나의 수업하기에 대한 태도와 모습으로 학생들을 지도하고자 한다. 그리고 나의 열정을 학생들이 받아들여 그들의 삶을 변화시킬 수 있는 작은 힘이 되었으면 하고 소망한다. 그러나 난 수업을 실천하면서 이러한 희망이 학생들에게 온전히 받아들여지지 않고 있음을 잘 알고 있다. 그래도 나는 수업에서 교사로서의 책임과 의무를 다하는 자세를 버릴 수 없을 뿐 아니라 열정도 넘친다. 이는 가르치지 않고 학생들의 무기력만을 무심히 바라보는 동료 교사들처럼 나도 변질되지 않기 위한 작은 실천이다.

반복된 수업의 실천은 나의 소중한 자산이다

초임 교사 시절 학생들이 나를 바라보며 있을 때, 무엇으로 어떻게 그들을 가르쳐야 할지 막막했다. 특히 내가 중학교를 다니던 그 시절과 똑같이 선생님들께 배웠던 모습이 그대로 재연되는 듯한 착각을 가져오는 체육 수업은 끔찍하게 여겨졌었다. '무식하고', '가르치지 않으며', '폭력적인' 교사로 묘사되는 체육 교사의 과거 모습 그대로였기 때문이다. 그러한 척박한 학교 체육의 현실에서 나는 체육 수업을 위해 노력했다. 그 과정에서 나는 전국 각지에서 열심히 수업하는 많은 체육 교사를 만났으며, 그 속에서 소중하고 특별한 의미를 가진 체육 수업을 발견하기도 했다. 전국의 학교에서 자신의 수업을 다져가는 동료 교사로부터 배웠다.

나에게 표현 활동을 할 수 있는 용기를 준 이병준 선배의 대나무 춤 수업, 배움과 실천의 자세가 중요함을 일깨워주신 정기채 선배의 스네이크보드 수업, 야구를 체육 수업에서 실천할 수 있는 아이디어를 준 서상옥 선생님의 티볼, 동계 스포츠인 스케이트를 대신할 수 있게 해준 김신회 선생님의 체육관에서 실시한 인라인스케이트, 핸드볼 수업을 새롭게 접근할 수 있게 해준 추크볼, 농구공을 무서워하는 여학생을 위한 넷볼, 여학생들을 하나로 묶어낼 수 있고 운동 효과도 좋은 이

경수 후배가 안내해준 엑슬라이더, 그리고 내가 실현한 비비탄 사격, 오래달리기를 넘어선 30분 걷기 및 달리기, 테니스장이 없는 학교에서 테니스를 경험시킬 수 있는 배드민턴 라켓으로 하는 소프트 테니스, 작은 운동장에서 하는 쇼트트랙 이어달리기 등은 나의 소중한 수업 자산이다.

학생들에게 무엇을 가르칠 것인가? 하는 물음에 답할 수 있게 되었다. 나는 이제 무엇을 가르쳐야 하는가? 하는 문제로 어려워하고 힘들어하지 않는다. 학생들의 학년과 수준에 맞추어 제공할 수 있는 내용들이 충분히 있다. 그리고 나는 이러한 학습 내용을 가르치기 위해 실천을 하면서, '어떻게 가르칠 것인가'라는 방법에 대한 기술도 터득했다. 이러한 기능은 일회성의 활동으로 습득되지 않았다. 반복되는 수업을 통해서 '어떻게 하면 학생들이 과제 수행을 잘하게 할 수 있을까' 라는 끊임없는 반성과 실천을 통해 형성된 것이다. 예를 들면 이어달리기 수업은 육상에서 유일한 팀 활동인데 학생들이 재미없어한다는 이유로 교사들에게 외면당했다. 난 시행착오 끝에 학습 환경을 조성하여 학생들이 이어달리기를 재미있고 좋아하는 과제로 바꾸어놓았다. 또한 모두 다 함께 참여하는 과제 수행을 할 때 학생 한두 명은 꼭 먼 산을 보거나 하며 참여를 기피한다. 난 이 문제를 풀기 위해 모든 학생들이 과제에 참여하여 움직일 수밖에 없도록 하는 학습 환경 구조화를 마련하기도 했다. 과제 수행을 기피하는 학생이 있으면 참여를 희망하는 학생도 참여하지 못하게 되는 구조를 만들었다. 그 수업이 소프트 테니스와 이어달리기 수업이었다.

　　교사로서 학생을 가르치는 일은 일회성의 실천으로 끝나지 않는다. 수업은 반복되고, 반복적 실천을 통해 수업은 진화한다. 교사가 하는 수업은 오늘 학생들을 가르치면서 경험한 내용들을 반성적으로 돌아

티볼 게임

보고, 내일 다시 준비하여 실천해야만 하는 반복적이며 자기 혁신적인 일이다. 나는 끊임없는 반성과 자기 실천의 과정을 통해 수업에 대한 자산을 축적하게 되었다. 이것은 나의 수업의 어제이고 오늘이며 내일 이다.

수업에서 나의 향기가 묻어나다

나는 체육 교사이다. 학생들이 나의 시간에 즐겁고 행복하기를 바란다. 그래서 학생들에게 무엇을 가르칠 것인가? 학습 과제를 어떻게 지도할 것인가? 과제 실행을 위해 교사인 나는 무엇을 준비해야 하는가? 학생들의 과제 수행을 위해 학습 환경을 어떻게 조성하는 것이 좋은가? 하는 부분에 대해 오랜 시간 고민하며 실천했다. 지금 내가 하는 수업의 모든 것은 과거로부터 현재를 모두 반영한 것이다. 그래서 지금의 수업은 교사인 '나'이다.

- 선생님, 이어달리기 수업이 이렇게 재미있는 줄 몰랐어요. 짱 재미있어요.
- 우리가 정말 사격 수업을 하나요?
- 발야구보다 재미있어요. 정말 야구를 하는 것 같아요.
- 선생님, 종치기 전에 소프트 테니스 하고 있으면 안 되나요?
- 체육관에 음악이 있고, 인라인을 타니까 꼭 롤러장에 온 것 같아요.
- 전 머리가 아파서 50분 달리기가 힘들어요. 핸드볼 선수가 된 것처럼 게임을 할 수 있어 좋아요.

- BB탄 총알이 표적지에 맞아 찍히는 순간이 짜릿해요.
- 플로어볼 게임, 퍽을 치는 재미가 좋아요.
- 22명 모두가 엑슬라이더를 타면서 하나가 될 수 있어 감동이에요.
- 선생님, 우리 배드민턴 라켓으로 운동장에서 테니스 해요.

나의 학습 과제에 대한 학생들의 반응. 나의 수업 일지 2007~2014 정리.

나는 교사로서 학생들을 수업에서 가르쳐야 하는데 가르치는 일이
만만치 않았다. 내가 열심히 가르친다고 해서 학생들이 나의 수업에서

소프트 테니스 게임

언제나 과제를 열심히 수행하는 것은 아니었다. 아이들은 내가 자신들을 지도하다가 잠시 시선을 돌리면, 하던 동작들을 멈추고 쉬거나 잡담을 하는 일탈 행동을 하였다. 특히 여학생들은 내가 그들을 어떻게 지도하는가에 따라 매우 민감한 반응을 보였다. 여학생들은 어떤 과제를 하더라도 반드시 내가 직접 지도를 해야 했다. 내가 지도하지 않으면 언제나 마치 넋 나간 사람처럼 멍하니 하늘을 바라보거나 친구들과 모여 수다를 떨었다.

나는 학생들이 학습 기회를 갖는 것이 중요하다고 생각하며 수업을 해왔다. 그런데 교사는 한 명이고 손길을 필요로 하는 학생들은 언제나 많았다. 그래서 수업을 열심히 하는데도 자꾸 내 마음을 몰라주고 도망가는 아이들로 인해 상처를 받기도 했다. 배우려는 학생들은 많고 교사는 나 혼자이기 때문에 언제나 수업에서 일탈하려는 학생은 생길 수밖에 없다고 생각했다. 그리고 일탈하는 아이들로 인해 내가 상처받는다고 하여 가르치는 일을 포기할 수는 없었다. 왜냐하면 아이들이 수업을 기피하거나 회피하는 모습은 있지만 모두 "선생님, 저도 배우고 싶어요"라고 아우성을 치고 있다는 사실을 잘 알았기 때문이다. 그래서 학생들에게 더 많은 활동 기회를 제공하고 그들이 흥미 있어 할 만한 활동 내용과 방법을 고민했다.

예를 들어 근력이 다소 부족한 학생들과 비 오는 날 이론 수업의 대체용으로 BB탄 사격 수업을 진행했다. BB탄 사격 수업은 큰 근육의 사용이 필요하지 않아 힘이 약한 아이들에게 '나도 할 수 있는 운동이 있다'라는 생각을 갖게 해주어 좋아하였다. 또한 팀 게임(축구, 배구, 농구, 핸드볼, 플로어볼, 소프트볼, 이어달리기) 활동에서 학생들 중 일부는 다른 친구들의 참여를 바라보는 방관자가 되곤 한다. 나는 오랜 경험 속에서 방관자가 되는 학생들은 신체 활동의 기회를 갖지 못해 신체 능력을 향상시킬 수 없고, 이는 앞으로의 활동에도 제약을 받는 원인이 된다는 것을 알았다. 그래서 모두가 참여하는 구조를 모색했다. 경기장의 크기, 팀원의 수, 규칙, 사용하는 도구를 바꾸었다. 그리고 모두가 수업에 참여하여 50분간 바쁘게 움직이도록 했다. 그 덕분에 팀 게임에서 소외되거나 낙오되는 학생들이 거의 사라졌다.

나는 이제 내가 모든 아이들을 직접 지도해야 한다는 생각을 하지 않는다. 이전까지는 수업에서 배움에 목말라하는 학생 모두를 한 명한 명 다 지도했었다. 그것이 나의 책임이고 역할이라고 생각한 것이다. 그래서 책임과 역할을 다하지 못했을 때는 나를 책망하곤 했다. 그런데 어느 날 내가 탁구 수업에서 학생들에게 포핸드 스트로크만 가르쳤는데 그들은 백핸드 스트로크, 푸시, 커트를 구사하며 게임을 즐기고있는 것이 아닌가? 그때 나는 학생들 스스로 서로 지도할 수 있는 좋은 선생님이 될 수 있다는 것을 새삼 깨달았다. 그 바람에 난 학생들의지도에서 자유로워졌다. 나의 빈자리에 학생들을 세웠다. 학생들은 그러한 수업에서 더 많이 움직이고 더 많이 웃고 행복해했다. 그리고 배우고 있었다.

수업에서 학생들 모두를 지도해야 하는데 아이들은 달아나고, 그로인해 '나는 교사가 아니구나. 내가 잘 가르치지 못하고 있구나'라는 마음의 상처를 받곤 했다. 그런데 내가 수업에서 학생 모두를 한 명 한명 지도할 수 없음을 깨닫고, 내가 교사로서 할 수 있는 과제 선정, 학습 환경 조성, 학생 관리 등에 오히려 열정과 헌신을 다하게 되었다. 그리고 수업에 학생들이 모두 참여할 수 있는 구조를 만들어 그들을 중심에 세웠다. 그렇게 했더니 학생 모두가 50분 내내 과제를 수행하기 위해 바삐 움직였다. 이제 다시 나는 교사가 되었음을 깊이 느낀다. 수업으로 교사인 나를 볼 수 있어 정말 행복하다.

운동장의 어부

나는 여전히 교복을 입고 나오는 철호, 수업에 늦게 나오는 명수, 친구와 잡담하기를 좋아하는 지수, 과제 수행을 하지 않고 멍하니 있는 은영, 햄버거나 사탕을 물고 나오는 기태, 신발을 구겨 신고 과제를 수행하는 혜영 등 이런 학생들과 수업에서 만난다. 하지만 이들을 심하게 몰아세우거나 매를 들지 않는다.

나는 체육 수업을 좋아하는 전문가이다. 전문가적인 열정과 헌신을 바탕으로 수업에서 나타나는 아이들의 모습과 태도를 일일이 관찰해 가며 지도한다. 수업에서 발생하는 학생들의 일탈 행동을 가능한 한 강제적인 통제 방식으로 억누르지 않는다. 조금 시간이 걸리더라도 학생들의 마음을 움직여 근본적인 변화를 이루어내려고 한다. 이는 오랜 수업 경험과 배움에서 터득한 지식을 바탕으로 한 것이다. 그러나 학생들 모두가 이러한 의도를 잘 이해하고 따라주는 것은 아니다. 학생들에겐 학교라는 공간에서 나와의 관계만 있는 것이 아니다. 다양한 관계 속에 그들은 노출되어 있다.

그렇지만 나는 주어진 시간에 최선을 다하여 학생들을 가르친다. 학생들은 기본적으로 관계망 속에 놓여 있다. 그리고 그 관계망 속에서 학습을 한다. 나의 수업에서 학생들은 모두가 다 다르기에 배움에도 차이가 있다. 이러한 학생들에게 나에게 주어진 가르침의 기회를 이용해 배움의 기회를 제공하려 한다. 난 체육 시간에 학생들에게 신체 활동을 가르친다. 이 시간에 교사로서 수업을 실천함에 있어 내가 가진 열정과 헌신을 그대로 담아낸다. 나의 열정과 헌신은 수업을 준비하고 실천하는 나의 태도와 모습으로 학생들에게 전달된다고 생각한다.

그래서 첫째, 수업에서 학습 과제 수행을 위한 학습 환경의 조성에 최선을 다한다. 이는 학생들의 학습 기회를 확대해주어 배움의 기쁨을 느끼게 하려는 것이다. 일례로 학생들의 소프트 테니스 과제 수행을 위해 운동장 가득 테니스 경기장을 16개씩이나 그리곤 했다. 어느 날 출근하여 운동장에서 라인과 네트를 치고 있는 나를 본 국어과 안○○ 선생님이 "자기는 운동장과 결혼한 사람 같아"라며 교사로서의 프로 의식이 있어 정말 보기 좋다고 했다. 나에게 학습 환경을 준비하는 일은 수업에 대한 열정의 반영이다. 학습 환경이 준비되지 않으면, 수업을 기피하거나 회피하는 학생들은 이때다 하고 학습에서 이탈하게 된다. 그들은 수업에서 성공적 경험을 통해 행복이나 재미를 느끼지 못하고, 언제나 소외되거나 실패자가 되어 적극적 활동 기회를 갖지 못한다. 그래서 학생들에게 과거의 경험에 안주하지 않고 도전할 수 있는 배움의 기회를 제공하려고 노력하는 것이다.

3, 4월 두 달 동안 운동장에 소프트 테니스 수업을 위해 라인을 그리고, 네트를 쳤다. 하루 3시간 수업을 위해 1시간 또는 2시간 운동장에서 준비를 했다. 내가 네트를 치고 걷는 모습을 보며 학생들이 붙여준 별명이 있다. '운동장의 어부'이다. 그것도 임금도 제대로 받지 못하는 '저임금의 운동장 어부'란다. 학생들은 정말 정확하게 바라본다. 내가 그들을 위해 운동장에서 애쓰는 모습이 마음을 움직였나 보

16면의 소프트 테니스 경기장

다. "우리 학교에서 제일 고생하는 선생님이에요." 하며 나의 수업에
대한 열정을 인정해주었다.　2009. 5. 8. 수업 일지.

나는 교사로서의 신념과 이상을 내 방식으로 펼쳐가고 있다. 이런
나를 바라보는 학생들은 헌신적이고 열정적인 교사로 여겼다. 어느 순
간부터는 나의 열정을 그들도 받아들여 수업에서 다른 모습을 보였다.
어느새 열정이 전염된 것이다. 그 덕분에 수업에 지각하거나 체육복을
입지 않는 학생 등을 지도하지 않아도 되었다. 나의 든든한 우군이 된
친구들이 이탈하려는 학생들을 향해 "우리는 수업 시간이 즐겁기를
원해. 따라서 너희들의 행위로 방해받지 않았으면 해." 하는 메시지를
던졌다. 학생들의 이런 의사 표현은 오히려 교사인 내 말보다 더 강력
한 힘을 발휘했다. 열정과 헌신을 나타내는 두 번째 방식으로 나는 수
업의 전 과정을 학생들 및 교사들과 함께한다.

집에서 잠자고 있는 인라인스케이트를 저에게 갖다 주시면 다시 바퀴에 생명을 불어넣어 쌩쌩 달리게 하겠습니다. 나에게 불필요한 것을 다른 사람이 사용할 수 있다면 이보다 더 좋은 일이 없지 않을까요. …… 나의 메시지를 보고 다섯 분의 선생님께서 인라인을 갖다 주셨고, 학생들도 여러 명 인라인을 가져왔다. 역시 사람이 힘이라는 생각이 든다……. 2009. 5. 7.

나는 체육 수업이 나만의 것이 아니라 학생들의 것이고, 동료 교사들과 함께하는 것이라고 생각한다. 물론 단위 시간 수업은 내가 맡아서 지도하지만 그들과 공유하지 않으면 나만의 성을 쌓게 될 것이다. 수업에서 나만의 성을 쌓아 가르치게 될 때 소통이 단절되어 학생들에게 좋은 배움을 주기 어렵다는 사실을 경험에서 습득했다. 나는 이제 체육 수업을 지도하는 나의 신념과 이상을 내 안에 가두어두지 않고, 교사로서 수업을 준비하고 전개해나가는 과정의 모습과 태도에서 적극적으로 드러낸다. 이러한 과정에서 나는 나의 수업에서 학생들과 소통하고 있음을 느낀다.

선생님, 안녕하세요? 전 원래 운동하는 것을 좋아하지 않아서 체육 수업이 별로 흥미 있지 않았는데…… 선생님께 수업을 배우면서 체육이라는 과목에 흥미를 느낄 수 있었어요. 선생님께 수업을 배우면서 정말 많은 것을 느낄 수 있었어요!! 다른 선생님들보다 돋보이는 선생님의 열정이 제 마음을 감동시켰어요. 한 명 한 명 다 신경 써주시고 부족한 학생들에게도 먼저 다가가서 알려주시는 모습이 많이 좋았어요. 선생님의 열정과 희망을 그동안 크게 느꼈지만, 선생님께 표현하지 못해드려 아쉬워요!! 선생님께서도 저 말고도 많은 학생들이 저처럼 생각하고 있고, 감사한 마음을 가지고 있다는 것에 행복과 보람을 느꼈으면 좋겠어요!! 선생님께 가장 바라는 것은 앞으로도 선생님의 열정이 변치 않았으면 좋겠어요. 선생님 같은 분이 앞으로 계속 있어주셔야 우리나라의 교육이 발전할 수 있다고 생각해요. 저도 그런 열정 있는 교사가 되고 싶어요. 아직은 많이 부족하고 그 꿈에서 점점 멀어지고 있지만요. 선생님 같은 분들이 아직도 학교에서 학생들을 위해 열심히 가르쳐주고 계시기 때문에 학교 교육의 미래가 밝다고 생각해요. 선생님이 가르쳐주시는 모습을 보면서 학생으로서의 제 생활도 많은 반성을 했어요!! 지금까지 선생님의 열정과 희망에 제가 보답해드리지 못해서 죄송하고 앞으로는 어떤 수업을 듣더라도 열심히 임할게요. 체육 수업을 배울 수 있어서 많이 행복했어요. 2014년 겨울 희원 씀.

난 수업에서 교사로서의 경험과 실천적 지식을 바탕으로 교육과정을 구성하고, 학생들의 학습 활동을 돕기 위해 학습 환경을 열정적으로 준비하고, 수업 과정을 통해 학생 및 동료 교사들과 공유하려고 노력한다. 프라이드Fried[1995]는 열정을 가진 사람이 학생과 함께 일함으로써 그들의 생활에 지속적이고 긍정적인 영향을 주는 방식으로 학생의 마음과 정신을 연결시킬 수 있다고 했다. 나는 내가 수업에 임하는 태도와 모습으로 수업에서 학생들에게 다가간다. 그런데 그것으로 인해 수업에서 학생들을 관리하는 힘을 학생들에게 나누어주게 되었다. 나의 수업은 학생의, 학생을 위한, 학생에 의한 수업으로 변화하고 있다.

수업 실천의 길에서 만난 사람들

임중도원任重道遠. 체육 교사가 된 나에게 교사로서 학생들을 가르치는 일은 무겁고, 가야 할 길은 너무 먼 듯했다. 나는 학생들을 가르치고 학생들은 배우고 있다. 나와 학생들은 운동장에서 신체 활동을 중심으로 한 과제를 수행하며 서로의 기대와 희망을 나누고 있다. 이제 체육 수업은 교사인 나에게 수업을 하는 기쁨을 주고, 학생들에게는 배움의 기쁨을 안겨준다.

체육 수업하기는 나에게 학생이 누구인지, 그리고 그들이 수업에서 어떤 경험을 하며 성장하고 있는지 이해할 수 있게 해주었다. 또한 수업을 잘해야만 한다는 단순한 열정을 가진 나에게 열정을 꽃피울 수 있는 실천적 지식과 전문적 지식을 획득하도록 강제했다. 나는 수업을 잘 이해하지 못하는 초보 교사에서 전문가의 수준을 넘어서 자신의 영역을 확장해가는 열정을 가진 교사로 성장하였다. 데이Day^{2004}는 최고의 교사는 열정적으로 헌신하고, 이를 계속 유지하는 사람이라 했다. 나의 변하지 않는 교육적 열정은, 교사인 내가 언제나 체육 수업을 통해 학생들을 가르치고, 그 과정에서 배우고 성장하고 있기 때문이었다. 이러한 변화와 성장의 중심에 동료 체육 교사, 학생, 반성적 수

소프트 테니스 게임

업 실천의 기록 그리고 학업을 통한 배움이 있었음을 깊이 이해하게
되었다.

동료 체육 교사, 거울 속의 나

초임 시절 학교 안의 선배 체육 교사들은 무엇인가 잘 가르쳐보고
싶어 배구공과 축구공을 한 아름 가지고 나가고, 모래사장에서 고군
분투하는 나를 보며 "아직 젊어서 그래! 시간이 지나면……." 하면서
금방 열정이 식어버릴 치기 어린 교사로 보았다. 그리고는 자신들도 한
때는 학생들을 가르치기 위해 노력해보았지만, 시간이 지나면서 열악
한 학교 체육 현실로 인해 안주하게 되었음을 변명처럼 늘어놓곤 했다.
대부분의 동료 체육 교사들은 나의 체육 수업에 대한 열정과 의지
를 긍정적으로 평가하지 않았다. 운동장에서 이루어지는 체육 수업은

누구나 언제나 볼 수 있는 공개된 수업이다. 누구나 볼 수 있기에 무엇인가 열심히 가르치는 나의 수업은 선배 체육 교사들에게 부담일 수밖에 없었던 것 같다. 그들은 수업 시작 5분 후 학생들 앞에서 인원 보고를 받고서 어디론가 사라지거나, 함께 있어도 학생들을 지도하지 않기 일쑤였다. 나는 그들과 다른 교사이고 싶었다. 특히 가르치는 일에는 소홀하

면서, 학생들의 군기를 잡는 데 집중하는 모습은 시대의 자화상을 보는 듯하여 더욱 싫었다. 그들에겐 폭력과 폭언 등 상대에 대한 배려와 사랑은 없고 오로지 교사의 강압적 권력만 있었다.

자화상 1 수업이 시작된 지 10여 분이 지났지만 선생님의 모습은 보이지 않고 학생들만 운동장에서 웅성거리며 선생님을 기다린다. 늦게 나온 선생님은 학생들을 불러 세운 뒤 준비체조를 시키고 공을 나누어준다. 공을 나누어준 뒤 선생님은 조용히 모습을 감춘다. 그리고 끝나기 5분 전에 모습을 드러낸다. 시험을 보기 위한 준비 기간을 빼고는 늘 운동장에 아이들만이 여기저기에 흩어져 있다. 선생님은 아이들 모르게 운동장에서 잠적한다.

자화상 2 수업이 시작되면 선생님은 학생들을 시켜서 뜀틀 몇 개 중 하나를 창고에서 꺼내 수업을 준비한다. 준비체조를 한 후 오늘 수업에

대해 얘기한다. 그리고 뜀틀 하나에 30명을 1열로 세워 차례차례 뜀틀에서 동작을 실시하게 한다. 많은 학생들은 자기 차례를 기다리며 서 있다. 선생님은 호각을 불며 학생들이 1명씩 뜀틀 동작을 실시하도록 지시한다. 아이들은 흩어짐 없이 선생님 지시에 따라서 움직인다. 선생님은 아이들을 자신의 통제 아래 두고 수업을 운영한다.

자화상 3 선생님이 수업 시작과 함께 출석 점검을 한다. 출석 확인 후 간단히 준비체조를 한다. 그리고 남학생에게는 축구공을 주고 여학생에게는 배구공을 주며 피구나 발야구를 하라고 한다. 학생들이 운동을 시작하면 선생님은 팔짱을 끼고 서서 하늘과 땅을 번갈아 쳐다보며 사색에 잠긴다. 아이들은 그때부터 다시 집합이 될 때까지 자유롭게 운동장에서 달리고 뛴다. 선생님은 아이들과 함께 있으면서 서로 다른 세상을 바라본다.

나는 그들을 보면서 세상 사람들이 이야기하는 체육 교사의 모습을 그대로 보는 듯했다. 나를 향해 "무식하고 힘만 센 교사, 폭력적인 교사, 공만 나누어주는 교사, 놀고먹는 교사"라고 손가락질하는 듯했다. 그래서 사람들의 손가락질을 받고 싶지 않아 '가르치는 교사, 학생과 함께하는 교사, 사랑을 가지고 있는 교사, 수업을 준비하는 교사, 무식하지 않은 교사, 열정을 가진 교사'의 모습을 보이고자 했다. 한 학교 안에서 함께 근무하는 동료 체육 교사들은 언제나 나에게 교사로서 긴장의 끈을 놓지 않게 하고, 항상 수업을 반성적으로 돌아보게 하는 거울 같은 존재이다.

같은 학교 안의 동료 체육 교사들과는 좋은 수업에 대해 서로 의견을 나누지 못했다. 초임 시절엔 '나이도 어린 게 무얼 알아' 하는 그들의 무시하는 태도 때문에 함께하지 못했고, 10년 넘은 경력 교사가 되었을 땐, '그래 너 잘났다' 하는 시기와 질투가 있었다. 그리고 20년 가까워지면서 '그래 수업은 정말 잘한다. 우리도 인정한다', 그러나 '우리는 너처럼 할 수 없다' 하는 차이로 함께할 수 없었다. '서로의 수업에 대해 이야기하지 않는다'는 신성불가침 같은 분위기가 팽배해 있어 수업을 가지고 동료 체육 교사들과 쉽게 소통하지 못했다. 데이^{Day, 1997}는 학교의 조직 문화는 일상적인 대화와 교수 방법에 대한 교류를 넘어서 정기적인 대화를 허용하지 않는다고 했다. 난 학교 안에서 동료 체육 교사와 일상은 물론 수업을 가지고도 이야기할 수 없었다.

그래서 학교 밖의 체육 교사들과 소통을 시도할 수밖에 없었다. 학교 안의 체육 교사들은 내가 닮지 말아야 하고, 넘어서야 할 과거의 모습이었다. 그러나 학교 밖에서 뜻을 함께하며, 같은 길을 가는 동료 체육 교사들은 동지이고 미래였다. 1990년 12월에 시작된 학교 밖 동료 교사와의 만남은 이후 15년간 지속적으로 이루어졌다. 일주일에 한 번 이들과의 만남을 통해서 어떤 수업이 좋은 수업인지, 학생들을 어떻게 가르쳐야 하는지, 교사는 수업을 위해서 무엇을 준비해야 하는지 등 학교 체육 수업 전반에 대해 깊은 고민과 실천을 나누었다. 그리고 그 결과물로『체육교육』이라는 계간지를 1년에 4번씩 발행하는 성과를 이루기도 하였다.

나는 학교 밖의 동료 체육 교사들로 인해 이 땅의 구석구석에서 체육 수업을 잘하기 위해 노력하는 수많은 교사들의 땀과 노력을 보았다. 나만 수업을 위해 노력하고 있지 않다는 사실도 알았다. 나는 초임 시절 학교 안에서 고립된 섬처럼 외롭고 힘들었다. 체육 교사로서 내 존재는 학교 안 동료 교사와의 관계로 나타나는데, 학교 안에 있는 동료 체육 교사들과 관계를 잘 풀지 못하여 고통을 느꼈다. 이때 나는 스스로 '수업을 열심히 하는 교사, 아이들을 사랑하는 교사'라고 생각했다. 그런데 동료 체육 교사는 '수업을 대충 하면서 아이들을 사랑하지 않는 교사'로 보였다. 그래서 그들과 좋은 관계를 맺을 수 없었다. '수업을 열심히 하는 것이 교사의 본분인데 당신들은 본분을 다하고 있지 않아요.' 게다가 그들은 나에게 백기를 들고 투항할 것을 은근히 요구하기도 했다. 따라서 동료이며 동시에 선배 교사인 그들과의 관계는 엉망이었다.

수업에 대한 열정만 있어 좌충우돌할 때, 나는 선배 교사들이 내 열정을 높게 생각해주고 긍정적으로 평가해주며 "열심히 하는 모습이 보기 좋다"라며 조금은 어설픈 나를 이끌어주기를 희망했다. 그러나 선배 교사들은 내 열정이 금방 식어버릴 것이라고 생각하며 나를 치기 어린 놈으로 평가하였다. 그들은 내가 가진 열정의 날개를 꺾어버리려는 듯한 태도와 행동을 보이곤 했다. "조심해, 아이가 다칠 수 있어. 우리가 몰라서 안 하는 줄 알아? 우리도 그렇게 했었어." 또한 내가 수업에 대해 어느 정도 경험을 쌓아 열정과 헌신을 바탕으로 다양한 수업의 형태를 만들어갈 때는 "아이들에게 체육복 잘 입혀, 아이들 관리가 잘되는 거야. 체육관을 아이들에게 너무 자유롭게 사용하게 하는 거 아니야, 폐쇄하든가 해야지."하며 은근히 수업에 대한 압박을 가해왔다.

그러나 나는 알고 있었다. '교사는 수업으로 말하는 것이다'라는 사실을. 체육 수업은 언제나 모두가 바라볼 수 있다. 전교의 학생들이 바라보며 선생님들이 또한 본다. 모두에게 수업이 공개되는 것이다. 그리고 이 과정에서 학생들과 교사들에 의해 수업이 평가된다. 내가 아침 일찍 1교시 수업을 위해 운동장에 라인을 그리고 있으면 출근하던 다른 교과 선생님들은 "전 선생은 운동장과 결혼한 사람이야, 정말 내가 당신 같은 체육 교사를 만났으면 인생이 달라졌을 거야."하며 칭찬과 격려의 말을 했다. 그러나 아쉽게도 동료 체육 교사들은 나에게 격려의 말도 함께 열심히 잘해보자는 이야기도 하지 않았다. 그들은 사석에서 "함께 수업하는 것이 힘들어. 다른 사람 입장도 고려해야 하지 않아."하며 자신들의 이야기를 했다. 내가 부담스럽다고. 하지만 난 수업은 양보할 수 없었다. 수업 외에 다른 것들은 그들의 이야기를 듣고 적당한 수준에서 타협하기도 했다.

나에게 동료 체육 교사들은 체육 수업을 함께해가야 할 소중한 존재들이다. 나 혼자 체육 수업을 열심히 한다고 해서 학생들이 행복한 것은 아니다. 학생들 모두가 그들이 좋아하는 시간에 행복할 수 있으려면 모든 체육 교사가 운동장과 체육관에서 열정적으로 가르치는 사람이 되어야 한다. 체육 교사들이 모두 열심히 가르치는 체육 수업의 현장을 보는 것이 오랜 세월 나의 꿈이다. 그래서 동료 체육 교사들은 나의 거울이다. 내가 열심히 아이들을 지도하지 않고 게으름을 피울 때 열심히 지도하는 동료 교사를

체육 교사 상
(잘못된!)

보면서 반성한다. 또한 아이들에게 체육 시간마다 공을 던져주고 먼 산만 바라보는 교사를 보면서 나의 미래가 될 수 있다는 생각으로 변절하지 않기 위해 나를 채찍질한다.

학생, 나의 동반자

나는 학생들이 시험에 대한 부담 없이 즐거운 마음으로 임할 수 있는 체육을 가르치는 교사이다. 그런데 초임 시절 내가 가르쳐야 하는 학생들이 두려웠다. 난 파커 파머가 이야기하듯이 학생들의 변화와 성장에 대한 기대를 가지고 열정적으로 수업을 하고자 했다. 내 수업을 통해 학생들이 올바르게 성장하고 사회에 기여하는 인간으로 성장하게 할 수 있다는 마음으로 교단에 섰다. 그러나 초임 시절부터 한 10여 년 수업에서 나를 바라보는 학생들이 나를 힘겹고 어렵게 했다. 학생들은 자신들의 기대에 어긋나는 내용으로 내가 무엇인가 하고자 할 때면 "선생님, 그거 재미없어요. 그걸 우리가 왜 해야 돼요. 축구하면 안 돼요? 더워요, 교실에서 해요"라고 거침없이 이야기했다. 내가 가르치고자 하는 학생들이 나를 주춤하게 만들었다. "재미없어요"로 대표되는 그들의 수업에 대한 거친 태도 표현은 재미난 내용으로 재밌게 지도해야 한다는 생각을 가진 나에게 언제나 충격으로 다가왔고, 그래서 학생들의 의견을 수용하여 '축구'로 물러서게 하곤 했다. 학생들의 신체 활동 경험을 넘어서, 자신 있게 가르칠 수 있는 내용과 방법이 있어야 했다. 나는 학생들을 이끌고가야 했는데, 그들에게 오히려 휘둘렸다.
또한 내가 남학생들이 외치는 "재미없어요"를 간신히 이겨낼 수 있

핸드볼 게임

을 때쯤, 여학생들을 만났다. 수업에 등장하는 여학생들은 남학생과 다른 존재였다. 신체적 능력이 다소 떨어지는 남학생 정도로 생각하며 수업을 진행하려고 했다. 그러나 그것은 나의 오산이었다.

- 50m 달리기에서 앞머리를 한 손으로 부여잡고 달리기.
- "선생님, 오늘 그날(생리하는 날)입니다"를 외치기.
- 한 학생이 넘어지자 모두 그 학생 앞으로 몰려가기.
- 뜀틀 앞까지 열심히 달려와 멈추며 미소 짓기.
- 자신 앞으로 굴러오는 야구공 또는 축구공을 보고 모른 척 피하기.
- 선생님이 지도해주지 않으면 아무것도 하지 않기.
- 틈만 나면 끼리끼리 모여 수다 떨기.
- 신체적 능력을 따지기보다 친한 친구와 팀 함께 짜기.

1998~2012년 수업 일지 내용 정리.

학생들에게 체육 수업을 통해 신체 활동을 가르치고자 했던 나에게 여학생은 낯선 존재였다. '재미'만 외쳐대는 남학생은 신체 움직임이 몸과 마음에 습관으로 자리하고 있었다. 다만, 남학생들의 신체 활동의 경험 세계에 한계가 있었을 뿐이다. 그러나 여학생들은 남학생들과 다르게 스포츠를 중심으로 한 신체 활동을 해본 경험이 많지 않았다. 여학생들이 한 스포츠 활동은 피구, 발야구 등으로 제한적이었다. 따라서 몸과 마음에 신체 활동에 대한 기억이 거의 없었다. 여학생들은 체육 수업에서 백지상태와 같았다. 교사는 체육 수업에서 처음부터 끝까지 구체적이고 친절하게 가르쳐야 하는, 그런 존재였다.

그렇지만 나는 여학생들을 만나 가르치면서 불완전한 반쪽짜리 수업에서 벗어날 수 있었다. 남학생과는 다른 신체적·정서적·경험적 특성을 가진 여학생들에 대한 수업은 나에게 많은 부분에 있어 '다름'을 요구했다.

"선생님, 인라인 바퀴에서 소리가 나요", "선생님, 너무 빡빡해요", "발이 아파요", "너무 커요", "다른 거 없어요?" 여학생들에게 인라인 스케이트 수업을 시작하기 위해서는 정말 작은 불만들을 수없이 들어야 한다. 인라인스케이트는 결코 신발만큼 편할 수 없고, 학교에서 준비한 사이즈는 모든 학생에게 딱 맞을 수 없음을 이야기했다. 그런데도 수업이 있을 때마다 불만스러운 이야기가 나온다. 그럴 경우 나도 짜증이 난다. 아주 사소한 문제들은 스스로 풀고 인내할 수 있어야 하는데. 자신의 일을 스스로 풀어가려는 마음이 없다. 즉, 자기 주도적인 문제 해결력이 형편없다. "선생님, 콧물 나오는데 휴지 좀 주세요." '아, 정말 이들이 18세인가 싶다!' 잠시 조용히 스스로 해결할 수 있는데 내가 "유정은 초등학생인가?" 하며 약하게 핀잔을 주었지만 다음 시간에 또 나에게 이런 이야기를 반복한다. 이런 모습은 교사인 내가 아무리 긍정적인 눈으로 바라보려고 해도 도무지 철없는 행동으로 볼 수밖에 없다. 그래서 교사인 내가 할 일이 많다. 이러한 것도 가르쳐야 하니. 2012. 11. 29. 나의 일지.

남녀 학생이 함께 공존하는 수업의 실천은 교사로서 경험하지 못했던 교수학습을 보다 다른 측면에서 이해하게 하였으며, 그 과정에서 나는 학생들 개개인을 위한 수업의 실천이라는 과제를 해결하기 위한 교수학습 방법을 찾으려고 노력하게 되었다. 메츠Mets[1993]는 수업에서 학생들의 전적인 협조가 없이는 효과적으로 가르칠 수 없다고 했다. 나는 남녀 혼성 수업에서 여학생 지도에 어려움을 겪었다. 여학생들은 전혀 협조적이지 않았다. 내가 어려움을 극복하고, 여학생을 가르칠 수 있게 된 것은 그들의 협조를 얻어낼 수 있었기 때문이다. 그것은 여학생들에 대한 이해를 통해 가능했다.

내 수업에서 여학생들이란 누구인가? 무엇을 추구하는가? 잘 알지 못해 그들과 어울리지 못했을 때, 난 아이들에게 과제를 적극적으로 수행하게 할 수 있다는 희망도 가질 수 없었다. 번번이 지각, 복장 위반, 게으름, 소극

높이뛰기

적이고 무기력한 학습 태도, 수업 기자재 훼손 등의 문제로 수시로 충돌했다. 그리고 그 과정에서 여학생들이 내가 교사로서 가지고 있는 신념과 가치에 도전하고 위협을 한다는 생각이 들었다. 그로 인해 '내가 아이들을 가르치는 교사인가? 나는 무엇을 하고 있는가?'라는 혼란과 고통을 느꼈다.

수업에 등장하는 학생들은 교사인 나의 희망이다. 다만 내가 학생들이 힘들어하고 어려워하는 이유를 이해하지 못했을 때는 미운 존재였다. 나는 내 수업에서 아이들이 얼굴 가득 미소를 짓고, 기뻐서 서로 부둥켜안고 환호하기를 바란다. 그리고 때로는 좌절과 패배로 가슴을 어루만지는 일도 있기를 바란다. 그리하여 학생들이 수업에서 성장하기를 원한다. 그래서 나는 열정과 헌신을 다해 그들을 가르친다. 학생들이 행복해하는 수업에서 교사인 나도 행복하다. 학생들은 나의 수업에서 언제나 함께하는 나의 동반자이다.

배움, 수업 밖에서 수업을 보게 하다

첫 학교와 두 번째 학교에서 모든 것을 학생들과 함께하려 했다. 수업에서 '어떻게 하면 학생들과 내가 행복할 수 있을까' 모색하면서 나의 모든 에너지를 투여하며 가르치는 데 성의를 다했다. 그렇게 학생들과 함께 웃으며 재미있게 가르치려 했다. 내가 열심히 가르치면 학생들도 다가오고, 변화 성장할 것이라고 믿었다. 그런데 내가 교사가 된 지 10년 정도 되었을 때의 일이다. 수업 시간에 아이들을 아무리 설득하고, 내가 노력해도 아이들이 변화하지 않는다고 느껴지기 시작했다. 수업에서 학생들의 태도와 행동을 통해 느꼈다. 과제를 수행하는 것인지 놀고 있는 것인지 알 수 없는 영희, 조금 힘들다 싶으면 언제나 배가 아프다고 쉬겠다고 하는 시은, 날씨가 조금 더워지면 나의 눈을 피해 쉬기를 반복하는 동수, 목소리 높여 과제를 설명하는데 딴청을 피우는 여은 등.

운동장에 나가 아이들을 만나는 것이 기쁘지 않다. 내가 교사로 열심히 가르친다고 생각하는데 아이들은 변화하지도 않고, 내 이야기를 너무 가볍게 생각한다. 아무리 목소리 높여 이야기해도 쇠귀에 경 읽기다. 예의도 없고, 수업에 열심히 참여하지도 않는다. 나만 아우성치고 있다. 정말 싫다. 체육 수업이 재미없고 교사인 내가 싫어진다.

1998. 5. 20. 수업 일지.

수업을 통해서 아이들에게 기쁨을 주고 그를 통해 행복을 경험하는 나에게 수업이 더 이상 기쁨으로 다가오지 않았다. 학생들과 만나는 수업에서 나의 존재 의미를 찾지 못하게 되었다. 학생들을 가르치는 것이 내게는 전부였는데, 그 학생들이 나를 외면하는 것 같았고, 그들을 통해 더 이상 교육적 희망을 발견할 수 없었다. 이러한 교사로서의 위기 상황에서 성공회대학교 교육대학원 모집 공고를 보았다. "나눔, 섬김, 사랑"이라는 단어들이 나를 사로잡았다. 그래서 대학원에 진학하였다. 대학원에 진학하여 고병헌의 교사론, 신영복의 교육사회학 특강, 송순재의 교육학 특강을 들었다. 이 강의들로 인해 나는 교육에 대해 새로운 시각을 갖게 되었다. 이념적으로만 선명하고 구체성이 결여된 교육 신념을 가졌던 내가 더욱 구체적이고 현실적인 교육의 상을 갖게 되었다. 특히 '꽃으로도 아이를 때리지 마라'라는 이야기를 접하면서 수업 속에서 아우성치는 아이들을 내가 얼마나 피상적으로 이해하고 있었는지를 깨달았다. 나는 학생들의 겉모습과 행동만 보았던 것이다. 그들의 내면 깊은 곳에서 일어나고 있는 일들에 대해 보고 들으려는 어떤 노력도 하지 못했던 것이다.

나는 수업에서 학생들을 나의 신념대로 가르치려고만 하였다. 내가 가르쳐야 하는 학생들이 누구인지, 왜 수업에서 일탈 행동을 하는지에 대해 생각하지 못했다. 그리고 아이들에게 배워야 한다는 생각을 눈곱만치도 하지 않았다. 수업을 해야 하는 교사인 내 입장만 강조했던 것이다. 대학원에서 강의를 듣고 교재를 읽으며, 내 수업에서 학습 과제를 수행하면서 아우성치는 아이들을 다시 생각하게 되었다. 그리고 알았다. 내가 내 기준으로만 그들을 보고 있었다는 사실을.

대학원에 진학하여 공부를 하면서 수업의 열정을 다시 서서히 찾

았다. 나는 깨달았다. 사실 내가 교사이면서 교육학, 교수 방법, 아이들에 대한 지식이 부족하다는 것을 이때 절실히 알게 되었다. 학생들을 더 잘 가르치는 사람이 되기 위해서 배움이 더 필요하다는 생각을 했다. 결국 교사는 자신이 알고 있는 만큼 학생들을 가르칠 수밖에 없다는 사실을 깊이 깨달았다. 내가 학생들에게서 느낀 배신감, 소외감, 박탈감 등은 모두 나에게 기인한 것이었다. 그래서 체육 수업에 대해 더 잘 배워보기 위해 체육과 박사과정에 들어갔다. 박사과정에서 체육 교육 전반에 대해 풍부한 지식을 쌓았으며, 이를 통해 체육 수업에 깊은 이해를 갖고 실천할 수 있는 전문적 지식을 갖게 되었다. 특히 체육 수업의 중요 목표인 정의적 영역에 대한 통찰을 갖게 되기도 했다.

체육과 박사과정에 들어가 공부를 하면서 체육 수업 시간은 다양한 정서적 경험을 학생들에게 제공하고, 이를 통해 그들을 정서적으로 성장시킬 수 있다는 사실을 학습했다. 그러한 학습의 결과 내 수업에서 심동적 영역뿐 아니라 정서적 영역도 가르칠 수 있는 지식적 배경을 갖게 되었다. 과거에는 단순히 팀 스포츠 및 개인 스포츠를 하면 협동심, 바람직한 사회적 태도, 인내심, 자부심, 자아 존중감 등이 형성된다고 생각했다. 그러나 단순히 스포츠 활동을 하는 것만으로는 아이들의 정서적 영역 발달을 기대하기가 어렵다는 것을 알게 되었다. 나의 그릇된 지식과 신념으로 인해 학생들을 제대로 가르치지 못한 것이다.

나는 이제 수업에서 학생들의 심동·인지 측면뿐 아니라 인내심, 슬픔, 기쁨, 자부심, 수치심, 분노, 협동심 등 정서 영역도 생각하여 가르친다. 이는 내가 수업 안에 머무르지 않고, 수업 밖에서 배움을 선택했기 때문에 가능했다. 그리고 내가 체육 교사이기에 운동장의 공간적 의미에 관한 의문을 가지고 박사 논문 「한 중학생의 학교 일상 속 운동장의 의미에 관한 문화기술적 연구」[전용진, 2008]를 썼다. 이 논문을 준비하고 마치면서 내 수업이 이루어지는 운동장, 학생들의 삶이 온전히 묻어 있는 운동장을 이해하게 되었다. 나는 박사 논문을 쓰기 전까지 운동장에서 아이들이 무엇을 하고 있는지, 그리고 그곳이 그들에게 어떤 의미로 다가가고 있는지 이해하지 못했다. 너무나 익숙한 곳이었기에 일상에 매몰되었던 것이다. 난 1년에 걸쳐 운동장을 관찰하면서 체육 수업의 장인 운동장, 그리고 학교 일상 속 학생들의 운동장을 들여다보게 되었다.

오랜 학교 체육의 현장 경험은 내게 무엇과도 바꿀 수 없는 실천적 지식을 갖게 해주었다. 이는 수업을 하는 나의 큰 힘이다. 그러나 내 수업을 한 걸음 더 성장하게 하고 또 다른 각도에서 접근할 수 있게 했던 동력은 바로 배움이었다. 이 배움 덕분에 내 안에 갇혀 수업하지 않고, 내 수업을 더 넓고 깊게 바라보며 실천할 수 있는 지식과 방법을 얻었다. 내게 배움은 수업 전문성을 향상시키고 교사로 성장하게 하는 중요 부분이었으며, 그 자체가 수업을 잘하게 하는 기반이 되었다.

1995년 광주 경당에서 임동규 선생님과 함께(뒷줄 오른쪽 끝이 필자)

나의 수업 실천과 교육과정의 관계적 의미

나는 수업을 잘하는 교사가 되는 것이 꿈이다. 그래서 초임 교사 시절부터 지금까지 끊임없이 수업에 대해 고민하며, 어떻게 하면 더 나은 수업으로 학생들을 가르칠 수 있을까를 생각하고 실천해왔다. 교사에게 현장에서의 교육 실천은 수업이다. 그리고 수업의 실천은 국가 수준의 교육과정을 교사가 어떻게 해석하고 있는지를 보여주는 것이다. 교사가 실천하는 수업이 최종적인 교육과정의 형태로 나타나는 것이다. 나는 교사로서 뜨거운 햇볕이 내리쬐는 운동장, 흙먼지와 찬바람이 부는 운동장에서 "선생님, 힘들어요. 더워요. 추워요." 외쳐대는 아이들과 수업을 하는 것이 얼마나 어렵고 힘든지 알고 있다.

"재미없어요, 더워요, 힘들어요, 우리가 왜 해요"라고 외치는 아이들의 아우성 속에서 때론 아이들에게 이끌려가기도 하고, 내가 이끌어가기도 하면서 수업을 했다. 그래서 운동장에서 이루어진 수업을 들여다보면 교사인 내가 보이고, 교육과정이 보인다. 나에게 교육과정은 수업을 실현하기 위한 것이었다. 그래서 나에게 교육과정은 수업이다.

체육 교사인 나를 지키기 위한 방어막(1990~1997년)

교육적 열망을 가지고 선 학교 교육 현장은 내겐 실망 그 자체였다. 꿈을 가지고 서게 된 학교 체육 수업은 슬픔과 상처만 주었다. 예를 들어, 1990년 3월 수업 일지의 대부분은 '실망', '문제', '이게 수업인가' 등의 단어로 채워져 있다. 한 달여 동안의 수업 일지에서 보이는 체육 수업의 모습은 교사의 편의만을 생각하는 수업이었다.

3교시에 3개 학급이 운동장에서 수업을 진행하였다. 그런데 모든 학급이 하나같이 학생들에게 열과 오를 지어 움직이게 하는 질서운동을 하였다. 좌로 번호, 우로 번호, 좌향앞으로가, 우향앞으로가, 뒤로돌아가, 제자리에서 등 학생들을 일사불란하게 움직이게 하는 구호만 난무했다. 질서운동이라는 이름으로 행해지는 수업이 난 마음에 들지 않았다. 아이들을 군인으로 대하는 듯해 더 싫었다.

1990. 3. 8. 나의 수업 일지.

질서운동 그 자체는 물론 군대식 교육이라는 문제가 있지만, 질서운동이 일정한 목적을 갖는다면 이 역시 나름의 교육적 의미가 있을 수도 있을 것이다. 그러나 내 입장에서 질서운동은 군대식 교육의 문제일 뿐만 아니라, 학생들을 일사불란하게 만들어 향후 교사의 수업을 편하게 하기 위한 효율적 통제 수단에 불과했다. 그리고 '아나공 수업'은 이러한 체육 수업에 대한 대가로 지불되는 수업이었다. 즉, 교사가 없어도 수업이 될 수 있는 교묘한 방식이었던 것이다. 초임 교사로서 나는 체육 수업의 중요한 의사결정에 주체적인 결정을 할 수 없었다.

운동장 질서

오늘 올해 체육과 평가 계획을 작성하면서 깜짝 놀랐다. 1, 2, 3
학년 공히 질서운동이 중간고사 평가 종목으로 선정되었다. 그리고
100m 달리기, 공 던지기, 멀리뛰기 등 체력장 종목이 평가의 내용이
었다. 물론 질서운동을 않겠다는 이야기는 하지도 못했다. 말할 수
있는 분위기가 아니었다. 이렇게 해서는 안 되는데 하는 생각으로 기
분만 우울해졌다. 1990. 3. 2. 수업 일지.

즉, 당시 나에게 학교 체육 수업은 '가르치지 않는 수업'이었으며, 후
배 또는 초임 교사인 나는 수업의 주요한 의사결정에서 소외되는 경험
을 했다. 그해 중순부터 나는 대학부터 친밀한 관계를 유지해오던 류
태호, 이병준 선배 교사와 함께 '가르치는 체육 수업'을 모토로 하는
'전국체육교사준비모임'을 만들어 활동하게 되었다. 이 활동을 통해 나

는 첫째, 체육 수업의 문제가 본인이나 자신의 학교만의 문제가 아니라 전국적으로 만연한 문제임을 확인할 수 있었다. 둘째, 뜻있는 교사들과의 연대는 내가 좋은 수업에 대한 의지 및 실천적 방향을 확고히 하는 데 도움이 되었다.

이러한 동료 교사들과의 경험 나누기로 인해 '가르치는 체육 수업을 위한 전략적 사고'가 가능해졌다. 초임 교사인 내가 다른 선배 체육 교사로부터 제재를 당하거나 눈치를 보지 않고 수업을 할 수 있는 방법으로 선택한 전략은 교과서를 적극적으로 활용하는 방법이었다.

> 교육과정, 그것을 어떻게 이용해야 하는지 몰랐다. 나에게는 교과서가 유일했다. 교과서에 나온 것을 가르친다면 별 문제가 없을 것 같았다. 대신 새로운 뭔가를 가지고 가르치는 건 거의 허락되지 않았다. 분위기가 그랬다. 인체 모형도 가지고 높이뛰기 수업을 했는데, 그것도 동료 교사들의 눈치를 봐가면서 했다. 그래도, 교과서 내용만큼은 철저히 가르치려고 많이 노력했다. 나중에는 "질서운동은 교과서에 없으니까 조금 축소해서 가르치면 좋겠다"라고 용기를 내 의견을 내기도 하였다. 수업 일지.

이렇듯, 나는 교과서 내용 중심의 체육 수업이 좋은 체육 수업의 모델은 아니었을지라도, 그렇게 가르치는 것만이 가르치지 않는 체육 수업을 타개할 유일한 대안이라고 생각했다. 교과서가 학생 또는 교사 수준으로 다시 진술된 교육과정 문서라 할 때, 교과서의 내용을 실천한다는 것은 교육과정 실천의 가장 초보적인 단계가 되었다. 이 당시 나는 교과서에 진술된 목표나 내용에 대한 동의보다는, 현재 내가 처한 문제 상황을 해결하기 위한 도구로 교육과정을 바라보았다. 이때 나의 수업 실천은 '하지 않는 체육 수업'의 현장에서 '하는 체육 수업'으로 변화를 실천하기 위한 방법이었다.

수업, 모든 아이를 가르쳐야 하는 책임감(1998~2001년)

나에게 세 번째 학교인 양천중학교는 이전의 두 학교와 다른 남녀공학 중학교였다. 수업에서 여학생의 등장은 교사인 나에게 남자 중학교에서 가르칠 때와는 다르게 다음과 같은 문제로 다가왔다.

> 여학생이 움직이려 하지 않는다. 왜 움직이려 하지 않는지 알아야 한다. 기본적으로 남녀에게 있어 움직임의 필요성과 움직임에 대한 깊은 이해가 있다면 모두 움직임을 싫어하지 않을 것이다. 남학생과 다르게 움직이지 않으려는 여학생들을 어떻게 만나야 할까? 교사인 나에게 다가오는 거대한 벽이다. 이를 내가 해결해야 한다. 수업의 한 축인 여학생들을 위한 내용적 고민과 이해가 요구된다.
>
> 1998. 3. 10. 수업 일지.

나는 남학생만 가르쳤기 때문에 여학생에 대한 이해는 전무한 상황이었다. 여학생에 대한 이해는 단순히 여학생을 어떻게 가르칠 것인가의 문제로 끝나지 않고, 또 다른 문제 상황을 야기했다.

> 여학생들은 그동안 남자애들을 가르치는 방법으로 가르칠 수

없다. 몇 가지 방법으로 가르쳐봤지만, 여학생의 관심은 크지 않고, 반면, 남자 애들이 "재미없어요", "축구해요"라며 아우성친다. 이것도 저것도 수업이 안 된다. 왜 체육 수업은 항상 재미있어야 할까? 재미없으면 체육 수업이 아닌가?

1998. 3. 21. 수업 일지.

나의 수업 일지에 나타나듯이, 여학생의 체육 수업 참여 문제뿐만 아니라, 여학생에 초점을 둔 수업은 남학생들에게 재미없는 수업이 되었다. 이에 따라 나는 '재미있는 체육 수업'이라는 수업의 더욱 본질적인 문제에 대해 고민하기 시작했다. 이러한 고민과 더불어, 이 시기 (1997~2001년)에 나는 교육적 성장을 위한 두 가지 중요한 경험을 했다. 하나는 7차 교육과정 개정에 따른 교과서 개발에 참여한 일이다. 나를 방어하기 위한 방법으로 교육과정을 중심으로 개발된 교과서를 가지고 수업을 운영했지만 교과서 자체가 좋다고 생각하지는 않았다. 왜냐하면 교사나 학생이 체육 교과서를 볼 수 있게 만들지 않았다고 생각했기 때문이다. 교과서는 교사나 학생 모두에게 외면당했다. 아이들은 중간고사·기말고사 등 시험 때만 교과서를 보았다. 평소에 교과서는 아무 의미가 없는 책이었다. 그리고 교과서나 교육과정 문서를 만드는 일은 현장 교사가 아닌 대학에 있는 교수들이 하는 일이라고 치부했었다.

교과서를 체육 교사들은 읽지 않는다. 그런 교과서를 왜 만들어야 하는지 잘 몰랐다. 무엇보다 대개 교육과정이나 교과서 같은 건 대학에 있는 교수들이 하는 일이라고 생각했으며, 솔직히 나 같은 현장 교사는 그런 쪽에 관심도 두지 말아야 한다고 생각했다.

그렇지만 나는 대학 때부터 가깝게 지내던 류태호, 이병준 두 명의 선배 교사들과 함께 '보지 않는 교과서'에서 학생들과 교사들이 외면하지 않는 '읽는 교과서'를 만들어보자는 의견 합의를 보고, 교과서 개발 과정에 3년에 걸쳐 참여했다. 나의 꿈은 학생들이 수업 시간에 참고하기 위해 펼치는 체육 교과서를 만드는 것이었다. 나와 함께 교과서를 만들었던 사람들은 정말 열정을 가지고 작업에 임했다.

나는 교과서 개발 과정에 직접적으로 참여함으로써 체육 교육의 철학이나 교육 내용의 설계, 그리고 교육 방법에 관한 이론들을 알게 되었다. 그러나 이론적 지식이 실천적 지식으로 완전히 전환되지는 않았다. 다만 좋은 수업에 대한 생각이 변화하였다. 예를 들어 이전에 나는 좋은 수업을 교과서에 나와 있는 내용을 가르치는 것쯤으로 생각했다. 이에 반해, 이 시기(1998~2001년) 들어 학생의 입장에서 잘 배우는 수업, 즉 학생에게 의미 있는 학습 경험을 제공하는 수업으로 생각이 바뀌었다. 교사가 단순히 학생들을 가르치는 것만으로는 모든 학생에게 의미 있는 수업으로 다가가지 않을 수도 있다는 생각을 하게 된 것이다. 나는 단순히 운동장에서 가르치는 것만으로는 아이들에게 배움이 일어나지 않을 수 있다는 사실을 운동장에서 실천되는 수업의 일상을 통해 깊이 깨달았다.

좋은 수업에 대한 관점의 변화로 인해 내게 수업 실천의 변화가 일어났다. 특히, 체육 교육의 실천에서 15년여 동안 지속해온 교사 연구 모임 활동이 큰 역할을 했다. 이는 수업으로 동료 교사들과 소통한 결과이며, 좋은 체육 수업을 향한 공동체의 힘이라 할 수 있다. 나는 전국체육교사모임의 주축 일원으로서 그동안 좋은 수업을 하고자 하는 체육 교사들과 의견을 나누었다. 그리고 다른 교사들과 친분을 맺고 수업에 대하여 깊이 이야기하는 과정에서 더욱 친밀하고 뜻이 맞는 몇몇 사람들과 '체육 수업 공동체'를 형성하게 되었다. 당시 교육 공동체에서는 열악한 수업 환경의 문제를 개선하기 위해 수업 기자재를 만드는 데 열을 올렸다.

학교가 끝나면, 우람 선생님과 함께 폐책상, 의자 그리고 마대 자루를 이용하여 목공실에서 수업에 사용할 허들을 제작하였다. 둘이서 작업해서 50여 개를 만들었다. 그렇게 제작한 허들을 가지고 오늘 첫 수업을 했다. 난 내가 너무 자랑스러웠다. 아이들이 허들 수업에서 허들이 지나치게 높고, 그래서 동작을 수행하기 전에 두려움을 준다는 사실이 허들을 만들게 된 이유다. 아이들이 두려움 없이 허들을 향해 넘는 연습이 이루어지게 하고 싶었다.　1999. 8. 31. 수업 일지.

이에 따라, 문제만이 가득했던 1998년 수업 실천과는 다르게 1999년도 이후의 수업 실천에서는 학생들이 더 잘 배울 수 있도록 하려고 직접 허들을 제작하거나 학습 환경을 개선하기 위한 노력들을 많이 시도했다.

이 시기 나의 체육 수업은 여전히 교육과정 문서 수준에서 교육 내용을 차용한 수준에 불과했다. 하지만 교과서 개발 과정을 통해 교육과정 정신에 대한 소통이 이루어지는 한편, 교육 공동체 내 구성원들과 소통하면서 문제 해결을 위한 교육적 실천 방안을 생각했다. 나는 수업을 실천하기 위해 교육과정을 해석하여 단위 학교에 적합한 교육과정을 편성하는 차원을 넘어서고자 노력했다. '어떻게 하면 교육과정을 더 잘 실천하여 학생들에게 배움이 있는 수업을 할 수 있을 것인가?'라는 차원에서 교육과정에 적합한 교재 교구 개발과 학습 환경 구성에 최선을 다하는 노력을 적극 기울였다.

좋은 수업, 교사는 가르치고 학생은 배운다

한일 월드컵이 열리는 해였던 2002년에 네 번째 학교인 방원중학교로 전근하였다. 나에게 있어 방원중학교에서 5년 동안의 체육 수업은 교사 인생을 통틀어, 가장 흥미진진한 체육 수업을 실천한 시기였다. 왜냐하면 그동안 내가 체육 수업을 실천하면서 가졌던 두 가지 문제, 여학생의 체육 수업 참여 문제와 재미 이상의 학습 경험을 제공하는 문제에 대한 나름대로의 해답을 찾았기 때문이었다.

2002년의 나는 교직 경력 13년째의 중견 교사로 성장하고 있었다. 내 주변에는 좋은 체육 수업을 만들고자 하는 교육 공동체가 있었고, 멘토 역할을 해줄 수 있는 내가 사랑하는 선배 교사와 동료 교사가 있었다. 이때 나와 함께하는 교육 공동체 교사들은 체육 수업의 새로운 시도로 '뉴 스포츠'라는 새로운 내용과 형식을 학교에 보급하기 시작했다. 뉴 스포츠 수업은 그동안 경쟁, 남성, 체력 등과 같은 근대 스포츠에 기인하는 체육 수업 문제를 해결하기 위한 대안적 성격이었다.

교육 공동체 교사들은 뉴 스포츠 종목의 도구를 구하고 학습하여 자신의 수업에 일차적으로 적용해보고 성공 여부를 확인하여, '교사

60m 달리기

연구 모임'의 연수나 모임지를 통해 보급하기 위해 노력했다. '게이트 볼 수업, 플래그풋볼, 플라잉 디스크, 비비탄 사격' 등 뉴 스포츠 수업에 대한 체육 교사들의 반응은 뜨거웠으며, 학교 현장을 중심으로 빠르게 확산되었다.

뉴 스포츠가 학교 교육 현장에 바람을 일으키고 있을 때 나는 대학에 있는 선배 교수 그리고 박사 학위 중이었던 몇몇 동료 교사들과 뉴 스포츠의 교육적 효과에 대한 이론적 논의를 병행했다. 이때의 경험은 나중에 박사과정으로의 진학에 결정적인 영향을 주었다. 당시에 학교에서 수업하고, 교과 모임지에 수업의 성과를 알리고, 수업을 연구하는 연구자들과 이를 이론적으로 논의할 수 있는 반성적 실천 과정이 나에게는 너무나 행복한 순간이었다.

나는 너무 행복한 교사다. 내가 고민해서 실천해본 것을 정리해서 글로 써낼 수 있는 공간(주: 교과 모임지)도 있고, 함께 생각을 나눌 사람도 있고, 그 사람들도 교사인 사람에서 교육청에 있는 사람, 그리고 연구하는 사람까지 다양하다. 진짜 옛날부터 내가 꿈꾸는 그런 모습이다. 2004. 11. 24. 수업 일지.

그러나 나의 수업 실천에 대한 행복은 그렇게 길지 않았다. 어느 날 3년 동안 가르쳐왔던 한 학생과 이야기를 나누는 중 충격적인 사실을 확인하게 되었다. 내가 1학년 때부터 가르친 아이였다. 나는 나름 열심히 가르쳤다고 은근히 자부심을 가지고 있었다. 그 아이는 운동을 잘하지 못하고, 친구들 앞에 나서는 것도 조금은 부끄러워하는 학생이었다. 내가 어느 날 영수에게 "체육 수업 어때, 재미있지." 하고 물었다. 사실 나는 아무 의도도 없이 지나가는 말로 가볍게 물었던 것이다. 그

출발법 연습

런데 영수는 "저는 체육 수업을 하면서 아무것도 배운 것이 없어요."
하며 정색을 하며 이야기했다. 3년 동안 정말 열과 성을 다해 가르쳤는
데, 영수는 아무것도 배운 것이 없다고 했다. 나는 엄청난 충격을 받았
다. 나름대로 운동장의 마술사라고 자부했는데, 수업에 대한 회의감이
강하게 밀려왔다.

'왜 아무것도 배운 것이 없다고 할 수 있을까'를 생각했다. 그리고 처
음으로 배우는 사람의 입장에서 수업을 다시 바라보았다. 난 어쩌면
학생들을 보며 가르친 것이 아니라 교사인 나를 보며 가르쳐온 것이
아닌가 하는 생각이 들었다. 내가 아무리 좋은 교육적 가치를 가지고
열심히 지도해도 학생이 배우지 않으면 가르친 것이 아니라는 평범한
사실을 깨닫게 되었다.

이후 나는 아이들을 가르치는 일에 있어 교사인 나의 생각이나 경
험뿐만 아니라 배우는 학생들의 생각과 경험을 어떻게 이해하고 적용
하는가라는 문제도 중요하게 생각하게 되었다. 나는 수업 실천에서 교
사의 가치만을 '옳다' 하고 여기는 수업 풍토, 과제 성공만이 의미 있는
경험일 수 있다는 고정관념에서 벗어나 인식을 전환하게 되었다. 이 계
기를 통해 나의 수업이 학생들에게 한 걸음 더 다가가게 되었다.

학생을 위한 학생에 의한 학생의 수업

나는 학생들을 가르치면서 늘 5% 정도 부족하다는 생각을 지울 수
가 없었다. 수업을 진행하는 과정, 수업에 참여하는 학생들의 태도, 과
제 수행을 위한 학습 환경 조성, 국가 수준의 교육과정을 해석하여 학

교 교육과정 편성, 그리고 학생들을 지도하는 교수 방법을 채택하면서 채워질 듯하면서 채워지지 않는 무언가로 인해 목말라했다. 나는 수업에서 채워지지 않는 이 5%의 정체를 알아내어 수업을 더 발전시키기 위해 체육과 박사과정에 진학하였다. 현장 교사로 수업을 실천하는 나에게 박사과정 진학은 두 가지 커다란 의미로 다가왔다. 하나는 나 자신의 수업 실천을 보다 이론적 관점에서 조명할 수 있는 기회가 되었으며, 다른 하나는 새로운 이론적 지식을 수업에 적용해보면서 실천적 지식을 폭넓게 획득할 수 있는 기회가 되었다.

박사과정에서 새로운 경향의 체육 지식을 접하고 교육학 지식을 습득함으로써 내가 알고 있었던 지식의 범위, 내 경험의 한계 내에서 탈출하게 되었다. 갇혀 있던 나의 하늘에서 벗어나 다른 세상의 하늘을 보았다. 내 경험과 지식이 많아지고 넓어짐에 따라 내 수업 역시 다시 진화하는 모습을 갖게 되었다.

교육과정을 이론적으로 알면 알수록 결국 '수업은 교육과정이구나!'라는 생각이 더욱 든다. 그냥 이해 중심 게임 수업이나 정서 이론 등이 재미있어서 배운 줄 알았는데, 문득 내가 실현하고자 하는 교육 목적이 그러한 교육 방법들과 맞닿아 있어서 그렇게 재미있게 공부했구나라는 생각이 든다. (중략) 진짜 내가 하고 싶은 체육 수업은 뭘까? 난 아이들이 수업 속에서 점점 더 다양한 세계로 들어가기를 원한다. 여학생들도 뜀틀 손 짚고 앞돌기를 해야만 맛볼 수 있는 신체적·정신적 세계를 경험했으면 좋겠다. 체육은 결국 간접적으로 경험되는 것이 아니라, 직접적으로 경험될 때 소중하다. 나는 이런 수업을 만들고 싶다. 2007. 9. 11. 수업 일지.

이렇게 나는 수업 실천 과정에서 끊임없이 고민의 끈을 놓지 않았다. 이는 교사인 나 스스로를 강제하기 위한 수단이었다. 내가 수업에서 고민의 끈을 내려놓지 않았던 까닭은 나도 늘 비난의 대상이 되었던 학생에게 무관심한 교사, 가르치지 않는 교사로 전락하지 않을까 하는 두려움 때문이었는지도 모르겠다. 그래서 매일 나의 수업을 기록하며 내가 어떤 길을 가고 있는지 살핀다. 내 수업에 대해 생각하면 할수록 교육적 고민은 점점 깊어가는 한편, 체육 교육과정에 대한 관심은 더욱 높아져갔다.

이 시기 나에게 있어 교육과정은 단순히 교육과정 문서에서 제시된 내용 형식의 물리적 변화 이상의 의미를 갖게 되었다. 즉, "수업은 교육과정이다!"와 같이 교육과정은 생동하며, 나의 교육적 가치를 실현하는 일종의 모형과 같은 형태를 띤다고 보았다. 여기서 중요한 것은 교사의 실천인 수업이 곧 교육과정이라는 생각이 생겼으며 나만의 독특한 교육과정을 설계하게 되었다는 것이다.

또한 나는 교육과정, 교수 방법, 교육학 이론 등의 지식이 쌓임에 따라 기존의 수업 실천들을 비평하게 된다. 예를 들어 다양한 수업 시도의 교육적 의미, 수업 공간의 의미, 학생에 대한 이해 등과 같은 이론적 잣대를 기울여 나의 수업을 스스로 평가하곤 했다.

운동장의 마술사라고 생각했다. 그런데 난 국현에게 체육 교사일까? 난 무력한 존재였다. 이렇게 되돌아보니, 사실 아집에 싸여 있어 내 안의 나를 보지 못한 것 같다. 아쉽고, 자꾸 반성된다. 그러면서, 초심에 대해 생각해보게 된다. 알게 된 지식과 초심의 마음이 합쳐지면 어떤 것이든 할 수 있을 것 같다. 2008. 4. 15. 수업 일지.

현장에서 아이들을 지도하는 나의 실천적 지식은 박사과정을 다니면서 새로운 이론적 지식과 결합되면서, 새로운 형태의 실천적 지식으로 발전해갔다. 이러한 지식 중 교육과정을 설계하고 실천하는 것과 관련된 교육과정 지식의 습득이 특히 돋보인다. 또한 수업에 대한 열정과 헌신적 태도가 더해지면서, 수업은 또 다른 모습으로 변모했다.

1시간 동안 학생들이 경기장에서 선수가 된 듯 소프트 테니스를 해보라고 수업에 앞서 네트를 치고 라인을 선명하게 그려준다. 좋은 환경에서 수업이 실시될 때 학습 과제 성취가 극대화될 것이라는 믿음에 의거하여 교사로서의 책무를 다하고자 하는 것이다. 전 시간에 차단막이 없어 학생들이 방해를 받았다. 그래서 오늘은 이를 개선해 양옆의 경기장 가운데 차단막을 마련했다. 수업에 존재하는 불안 요인을 제거하여 수업을 설계하려는 나의 노력이다. 이런 노력은 교사인 나의 역할이며, 수업을 만들어가는 내가 즐겁다.

2009. 3. 20. 수업 일지.

체육 수업은 학생들에게 단지 신체 활동의 기능만을 가르치는 것이 아니다. 오늘 학생들이 이어달리기에 열정적으로 참여하는 모습을 보았다. 준비된 환경에서 그들은 열심히 달렸다. 수지가 '야, 나 체육 시간에 이렇게 땀 흘려본 것 처음이야.' 한다. 그것은 단지 땀만을 이야기한 것이 아니다. 난 나의 수업을 통해 내가 생각하는 체육의 가치를 가르치고 있는 듯해 행복하다. 2009 .6. 19. 수업 일지.

'수업은 곧 교육과정'이 되었다. 한때 문서상 존재하는 것으로 교육

핸드볼 게임

과정을 생각한 적이 있었다. 과거에 나는 수업을 단순히 교수학습의 관계로만 생각했었다. 그러나 지금은 수업의 목적, 내용, 방법, 평가라는 일련의 요소들이 모두 관계되는 것임을 잘 알고 있다. 이제 나는 문서상 존재하는 교육과정을 내 수업에 가져와 나만의 독특한 특성을 반영하는 교육과정으로 거듭나게 만들고 있다.

교육과정 운영에 있어 초임 시절에는 학생들이 외쳐대는 '재미'와 '가르쳐야' 하는 내 생각이 서로 상충되는 듯하여 어려움을 느꼈다. 학생들이 행복한 교육과정을 운영해야 하는데 그렇게 할 수 없었다. 그러나 나는 수업의 실천 과정과 배움을 통해 아이들이 이야기하는 '재미'와 내가 생각하는 행복한 수업이 다른 세상의 이야기가 아니라는 사실을 알게 되었다.

이제 나는 체육 수업의 교육과정을 계획할 때 아이들에게 재미와 즐거움을 제공할 수 있는 교육 내용으로 교육과정을 편성한다. 이는 학생들이 수업에서 재미를 느끼며 행복하게 참여하게 하려는 의도이다. 체육 수업에서 기쁨, 즐거움, 성취감, 자존감, 행복 등 긍정적 정서를 느끼고 체험한 학생들은 그 대상이 사람이든 사물이든 간에 더 긍정적으로 평가하고 더 높은 수준의 호감을 표시하게 된다고 한다. 즉, 수업에서 긍정적 경험을 하게 된 아이들이 세상을 더욱더 긍정적으로 보게 된다는 것이다. 이는 내가 수업을 운영함에 있어 재미와 기쁨을 중심에 두고 행복을 경험하게 하는 교육과정을 계획·실천하는 이유이다. 나는 교사들이 자신의 경험, 학교, 학생, 지역의 특성을 반영한 교육과정을 운영해야 한다고 생각한다. 교사가 국가 수준의 교육과정을 다양한 측면에서 창조적으로 녹여내 자신만의 수업 전통, 자신의 교육과정을 만들어가야 한다고 생각한다. 그러므로 교육과정은 단 하나의 형식과 내용으로 고정될 수 없으며 교사마다 독특한 수업 실천으로 거듭 태어나야 한다.

협동 이어달리기

1995년 광주 경당에서 체육과 자율 연수를 마치고 망월동 묘역 앞에서

나의 수업,
무엇을 지키고 어떻게 가르칠 것인가?

나는 25년째 운동장에서 체육을 가르치고 있는 중견의 교사이다. 학생들을 가르치는 일이 천직이라고 생각하고 있으며 그 가르치는 일을 통해 사회의 변화에 일정 부분 기여하고 있다는 생각을 하고 있다. 운동장에서 체육 수업의 실천을 통해 나의 교육적 신념에 따른 가치와 이상을 실천하고 있는 것이다. 내 수업에서 학생들이 학습 과제를 배우는 일은 가장 중요한 문제이다. 따라서 학생들은 내 수업에서 학습을 해야 한다. 그리고 나는 '학습자들에게 어떻게 하면 더 많은 시간을 학습할 기회를 줄 것인가? 또한 학습을 위해 최적의 학습 환경을 만들 것인가?'라는 부분에 대하여 준비하여 실천하며 반성한다. 이렇게 학습자의 학습 과제 실천을 체육 수업에서 중요한 부분이라고 생각하기에 나에게 학생 관리의 문제는 교사 임용(1990년) 초기부터 현재(2015년)까지 계속 수업을 실천하는 데 중요한 하나의 열쇠가 되고 있다. 나는 교사의 주된 임무는 학생들에게 체육을 가르치는 것이라는 신념을 가지고 있다. 따라서 학생들을 가르치기 위해 수업에서 개인들의 일탈 행동을 관리하여 수업 일탈 행동의 확산을 방지하는 것이 주요한 관심사이다. 교사인 나에게 '학생 관리'는 곧 '체육 수업하기'의 시도이다.

'아나공'과 재미 앞에 무력한 나

청운중학교와 용산중학교(1990~1997년)에 근무했던 이 시기에 나는 교육적 열망으로 가득하였다. 대학을 졸업하면서 학생운동 전력으로 인해 6개월 동안 임용에서 제외되었고, 그 부당함에 문제 제기한 행정 소송에서 승소하여 가까스로 교단에 들어올 수 있었다. 우여곡절 끝에 학교에서 학생들을 만나게 된 나는 아이들을 가르치는 데 온 마음을 다하고자 했다.

정말 아이들을 가르치는 데 내가 가지고 있는 모든 열정을 바치고 싶다. 나의 학창 시절 선생님들에 대한 고마움을 잘 가르치는 것으로 갚아야 하며, 아직 교단에 서지 못한 동료들에 대한 미안함을 열심히 교육 활동을 하는 것으로 대신하고 싶다. 1990. 3. 6. 수업 일지.

그러나 열정으로 가득한 나에게 학교 체육 수업의 현실은 너무나 힘겨운 것이었다. 당시의 체육 수업은 수업이 아닌 이른바 '아나공' 수업이 만연해 있을 때였다. 4명의 교사 중 나를 제외한 3명의 교사가 '아나공' 수업을 주로 진행하였다. 그러나 수업 시간 학생들은 아주 행복하고 즐거워 보였다. 학생들은 체육 교사가 운동장에 나오기도 전에 일사불란하게 열과 오를 맞추어 서 있었다. 교사가 나오면 바로 경례를 하고 나서 운동장 3바퀴를 "하나 둘 셋, 하나 둘 셋." 하는 우렁찬 목소리와 함께 달렸다. 준비운동을 한 후 교사가 주는 공을 가지고 운동장 한가운데에 가서 축구를 했다. 수업이 시작되기 전부터 준비운동까지 7~8분 동안 학생들은 질서정연했다. 군대에서 잘 훈련된 군인들이 움직이는 것과 같은 모습을 상상할 수 있을 정도로 일사불란했다. 수업을 시작하고 7~8분 동안 학생들에게 교사는 어떤 행동과 목소리를 내지 않았다. 수업에서 모든 것을 학생들이 알아서 움직이고 있었다.

나는 종이 치고 바로 수업에 나간다. 그런데 다른 학급처럼 아이들이 줄을 맞추어 서 있지 않는다. 내가 운동장에 나가 호각을 불고, 소리를 쳐야 모여든다. 나도 다른 선생님처럼 할까? 인간은 폭력 앞에 가장 나약한데……. 한두 번 무서운 분위기 속에서 폭력을 행사한다면 일사불란한 모습을 만들 수 있는데……. 유혹에 빠지지 말고 나의 방식대로 가야 한다. 그를 통해 권위를 만들자. 힘이 들더라도 천천히……. 1991. 4. 11. 나의 수업 일지.

준비한 수업을 진행하려면 아이들이 과제에 집중해야 한다. 그런데 나는 학생들을 준비시키는 데 시간과 힘을 쏟았다. 다른 교사들의 수업에서는 나와 같이 학생들을 준비시키기 위해 교사가 호각을 불거나 소리를 치는 일이 없었다. 교사가 나오기 전에 준비가 항상 되어 있었다. 질서가 있고 흐트러짐이 없는 그런 모습이었다. 모든 아이들이 체육복을 입은 채 수업을 지도하시는 교사만 바라보았다. 아이들이 입을

꼭 다물고 있어 운동장에 정적이 감돌았다. '7분의 질서 정연함', 그 후
운동장에서 아이들은 축구공을 따라 달리고, 교사는 사무실로 사라
지거나 팔짱을 낀 채 나무 그늘에 서 있는 상황이 연출되었다. 수업에
서 아이들을 지도하는 교사가 없어 배우는 아이들도 없었다.

그러나 난 그렇게 할 수가 없
었다. 체육 수업에서 학생들을 가
르치는 것이 나에게는 "참교육"
을 실천하는 교사의 본분이며 내
가 교사가 된 주요한 이유였다. 이
러한 이유로 인해 나는 기존의 교
사들과 같은 방식으로 '가르치지
않는 수업'을 위해 아이들을 강압
적으로 관리하는 '무식한 체육 교
사, 폭력적인 체육 교사'가 아닌
'자율적이고 민주적인 체육 교사'
의 길을 선택했다.

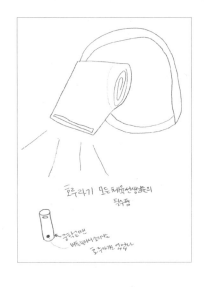

체육 수업을 잘하는 교사가 되어 아이들의 '수업'이라는 과정 속에
서 교사인 내가 보여준 열정과 헌신으로 일탈 행동을 예방하고자 자
율을 선택한 것이었다. 교사인 내가 체육 수업을 하고자 교육과정상
의 내용으로 학습 과제를 제시하면 아이들은 "선생님, 재미없어요. 우
리 축구해요." 하며 수업을 거부하는 이야기로 나의 수업 열정을 꺾어
놓았다. 나는 아이들의 이야기에 당황했다. 아이들은 체육 시간을 운
동장에서 축구나 농구를 하면서 '노는 시간' 혹은 '쉬는 시간'으로 생
각했다. 그래서 아이들에게 교육과정에 나오는 학습 과제를 선정하여

가르치기가 쉽지 않았다. 내가 가르치고자 하면 할수록 아이들에게서 "선생님, 그거 왜 해요. 우리 놀면 안 돼요." 하는 볼멘소리가 터져 나왔다. 아이들이 보이는 이러한 반응은 교사인 나에게 가장 큰 일탈 행동으로 다가왔다. 나는 이러한 학생들의 일탈 행동을 제거하고 학습하는 데 집중하게 할 수 있을까? 하는 것이 가장 큰 고민이었다.

그래서 나에게 학생을 관리한다는 것은 교사가 준비한 내용대로 수업을 하기 위해 학생들의 일탈 행동을 방지하는 것이었다. 학생들이 제시된 과제에 거부 반응을 보이며 수업을 집단적으로 거부하거나, 체육 수업을 진지한 수업 상황으로 받아들이지 않으려는 일탈 행동을 차단해야 했다. 따라서 나는 체육 시간에 학생들을 관리하여 과제에 참여시키는 것을 가장 중요하게 생각하고 실천했다. 그 방법으로 수업의 전 과정을 아이들과 철저하게 함께하는 방법을 택했다. 물론 나에게 다른 방법이 없었다. 아이들과 운동장을 함께 달리고, 과제 수행에서 피드백을 수시로 제공하며 과제 수행을 같이했다. 함께하는 수업을 통해서 아이들이 '체육 수업이 재미있고, 배울 것이 있구나.' 하는 생각을 하게 하려고 노력했다.

이러한 노력은 수업을 하려고 노력하는 교사에게 힘이 되어줄 수 있는 우군을 만들려는 전략적 선택이기도 했다. 수업에서 우군을 통해 체육 수업이 공을 가지고 노는 시간이 아니라, 신체 활동을 배우는 시간으로 아이들에게 지지받아 일탈 행동("재미없어요")을 하는 아이들의 목소리가 작아졌으면 하는 바람의 반영이었다. 그러나 이러한 방법은 시간과 노력을 많이 요구했으며 그 효과도 더디게 나타났다. 특히 아이들이 교사인 나의 의도를 몰라주고 수업에서 나를 힘들게 하거나 지치게 하는 경우, 나는 효과가 빠르게 나타나고 다른 사람들의 눈에도 보기 좋게 질서가 잡힌 수업의 형태를 순식간에 만들어낼 수 있는 폭력과 폭언에 의한 강압적 관리 방식의 유혹을 받았다.

어떻게 이 아이들이 나에게 이럴 수가 있을까? 나쁜 놈들. 왜 이렇게 수업에 집중하지 않는 것일까? 내가 상상하고 동경했던 체육 수업과는 너무나 다르다. 아이들을 혼내주어야 할까? 윽박질러볼까? 겁을 줘볼까? 벌을 줘볼까? 아이들과 내가 원하는 것 간의 간격을 좁힐 방법이 없을까? 나도 아이들도 서로가 원하는 것이 너무 다르다는 생각이 든다. 그래서 수업하기가 힘들고 어렵다.

1992. 3. 20. 수업 일지.

억압과 폭력을 통해 아이들을 수업에 참여시키기는 것은 쉬운 일로 보였다. 하지만 나는 수업을 할 수 있는 수업권이 교사의 권리라고 하여도 학생을 폭력적으로 억압하면서 그 권리를 가져야 한다고 생각하지 않았다. 나는 학생은 '폭력으로 다스리지 마라'는 말을 금언처럼 생각하고 있었다. 그렇다고 아이들이 좋아하고 익숙한 대로 수업 아닌 수업 '아나공' 체육 시간을 주는 것은 더욱더 나의 신념에 반하는 일이었다. 대신 나는 체육 수업 시간에 대해 가지고 있는 열정과 수업 준비 등을 통해 '아이들과 함께하는 수업'으로 학생들에게 권위를 인정받고, 그 권위를 통해 부드러운 관리의 힘을 만들고자 했다.

나는 교사라는 나의 우월적 지위가 부여한 일방적 권위가 아닌 아이들이 부여해준 민주적 권위를 획득하고, 그 권위를 통해 학생을 관리하는 모습을 갖고자 희망했던 것이다. 이를 위해 나는 많은 고민을 했고, 다양한 시도를 했다. 나는 교사가 수업을 운영하지만 학생들을

수업에 몰두하게 하는 것은 '재미'에 있다는 것을 알았기에 이를 적극적으로 수업에 도입했다. 그래서 학생들이 과제에 충실하도록 '재미'를 수업을 위한 일탈 행동 방지의 도구로 이용했다. 물론, 학생들에게 제공되는 '재미, 놀이'는 그들이 과제 이외에 원하는 활동, 축구, 농구와 같은 이른바 공놀이였다. 이는 과제 집중을 위한 관리의 수단이고 동시에 학습에 대한 유인 전략이기도 했다. 다시 말해 나와 학생 간의 일종의 거래였던 셈이다. 또한 '아나공'에 익숙한 아이들을 체육 수업다운 체육 수업에 당장 참여시키고 싶은 절박한 나의 열정과 그렇다고 하여 아이들을 수직적 권위로 윽박지르며 폭력과 억압으로 학습을 강제할 수 없다는 나의 신념과의 타협이기도 했다.

체육 수업을 하는 체육 교사로서뿐만 아니라 담임선생님으로서도 나는 아이들을 행복하게 해주고 싶었다. 나는 그들이 처한 입장을 이해하고 있어 운동장에서 마음껏 달리고 뛰게 하여 장시간의 학습으로부터 해방감을 느끼게 해주고 싶었다. 비좁은 교실에서 하루 7시간을 보내야 하는 아이들에게 체육 시간은 공개적으로 나가 뛰어놀 수 있는 유일한 탈출구였기 때문이다. 하지만 이러한 나의 바람은 어디까지나 교육과정 내에서 이루어져야 했다. 그래서 내 교육적 신념을 실천하면서도 학생의 이해와 요구를 완전히 무시하지 않으려고 노력한 결과 학생들과 타협하고 내 자신의 신념과 타협을 했다. 이러한 타협은 가르치고자 하는 열정과 막연한 이상, 교육적 신념이 체육 수업의 현실과 충돌하면서 생겨난 새로운 '길'이었다.

낯선 여학생, 그들 앞에서 나를 내려놓다

나는 체육 수업에 대한 의무와 열정으로 가득한 채 두 곳의 남자 중학교에서 아이들과 함께 수업을 잘하기 위해 고민하며 실천했다. 그리고 이때 전국체육교사모임이라는 조직을 만들어 여러 지역의 체육 교사들과 체육 수업을 주제로 소통하기 시작했다. '아이들에게 놀이 시간이 되어버린 체육 시간을 어떻게 하면 아이들과 함께 배우는 체육 수업으로 만들 것인가?'가 내 중요한 화두였다. 그러한 마음은 세 번째 학교인 양천중학교(1997~2001년)에서도 계속되었다.

임용 후 10여 년간 남학생만을 상대로 체육 수업을 했다. 그런데 양천중학교에서는 남학생과는 다른 형태로 수업에 참여하는 여학생들을 만나게 되었다. 나는 여학생에 대한 정보와 이해가 없었다. 그래서 수업을 할 때 "남학생 중에서 신체적 능력이 떨어지는 아이" 정도로 그들을 이해하고 지도하려고 시도했다. 남학생들은 일상적으로 체육 수업을 '축구하며 노는 시간'으로 생각
했었다. 반면 여학생들은 '피구나 발
야구를 잠깐 하고 삼삼오오 모여 앉
아 수다를 떠는 시간'으로 생각하고
있는 것이 달랐다. 여학생들은 특히
수업에 참여하여 학습을 즐겁고 재
미있게 해본 경험이 많지 않아 과제
참여를 힘들어했고, 과제 수행에 소
극적이거나 기피하는 현상이 많았
다. 그래서 나는 우선 여학생들을 수
업에 잘 '안내'하는 것으로 수업에서 발생하는 일탈 행동을 예방하려
고 했다.

수업의 규칙

- 수업 종과 함께 운동장에 모인다. 45분은 과제 수행에 짧은 시간
  이다.
- 체육복을 착용한다. 땀을 흘리고 효과적으로 몸을 잘 움직이기 위
  해 착용해야 한다.
- 친구를 격려해준다. 비난은 친구를 힘들게 하고 나도 힘들게 한다.
- 움직이지 않으면 아무것도 익힐 수 없다. 스스로 몸을 움직여야 배
  울 수 있다.
- 설명을 잘 들어야 잘할 수 있다. 설명을 듣지 않으면 동작 수행이
  어렵다.
- 사용된 도구는 제자리에 놓는다. 나만 사용하는 학습 도구가 아

니다.

- 결과가 좋으려면 과정에 충실해야 한다. 결과가 좋기 위해 꼭 연습이 필요하다.

여학생들이 체육 수업에서 보이는 행동은 남학생들과 달랐다. "준비된 허들과 허들 사이를 살며시 비켜서 걷기, 뜀틀 앞에서 멈추고 선생님 바라보기, 넘어진 친구에게 몰려가 수다 떨기, 높이뛰기 바 앞에서 친구 뒤로 숨기" 등. 여학생들의 일탈 행동은 나를 흥분하게 하고 분노하게 만들었다. 지금까지 나의 경험과 상식으로는 그들이 보이는 일탈 행동을 이해하기가 힘들었다. 체육 수업에서 제공된 다양한 과제를 수행하고, 과제 수행을 통해 경험한 '재미와 즐거움'으로 인해 학습에서 일탈 행동을 자제하는 남학생들과 달랐다. 나의 10여 년 수업 경험에서 획득한 경험과 믿음에 혼란이 일어났다. 여학생들은 나에게 남학생들과 같은 듯하지만 결코 같지 않은 낯선 존재였다. 나는 그들을 학습에 집중시킬 수 있는 방법이 무엇인지 알지 못했다. 학습에 참여시키기 위해 윽박지르거나 소리칠 수도 없었다. 나는 다만 여학생들이 체육 수업에서 무엇을 왜 해야 하는가에 대해 무지無知한 것이 학습에서 일탈 행동으로 나타난다고 보았다.

수업에 지각한 아름은 왜 내가 꾸중을 하는지 이해하지 못하는 듯하다. '늦을 수도 있는데 왜 그래요.' 하는 표정이다. 모두가 아름 때문에 시작하지 못하고 기다리고 있었다는 사실과 45분이라는 시간은 수업에 참여하는 학생 모두의 시간이라는 사실을 아름은 모른다. 난 여학생들에게 누차 이 부분을 설명했다. 그래도 역시 아직 자신의 수업 시간으로 다가가지 않는 듯하다. 난 다시 지도해야 한다. 무지는 행동하게 하지 못한다. 배움이 있도록 가르치는 수밖에 없지 않은가. 1998. 3. 28. 수업 일지.

그래서 학습에서 나타나는 일탈 행동을 방지하고 확산을 저지하는 방법은 여학생들에게 수업을 자세히 안내하는 것이라 생각했다. 나는 여학생들에게 수업의 규칙과 절차를 더욱 강조하는 한편, 가능한 한 여학생에게는 수업 전반에 대해 구체적이고 자세하게 설명하려고 시도했다. 나는 수업에 참여하는 여학생들에게 과제 참여는 자신의 운동 기능을 향상시키는 과정, 수업을 위한 정렬의 방법, 준비운동, 선생님 주목, 집합 장소, 용기구의 정렬과 수거, 수업 종료, 정리, 해산 등과 같은 수업의 절차와 규칙에 대해 자주 언급했다. 그리고 규칙은 수업에 참여하기 위해 반드시 지켜야 하는 '기본적 예의'라는 사실을 안내하여 주지시켰다. 이렇게 함으로써 수업에서 발생하는 일탈 행동으로 학생을 야단치거나 벌을 주는 일을 감소시킬 수 있었다.

그리고 여학생들이 수업에서 아주 작은 성공과 성취를 보였을 때에 아낌없는 칭찬과 격려를 해주었다. 이는 규칙과 절차를 설명하는 안내와는 다르게 보다 적극적인 방법으로 학생들을 수업으로 안내하고자 하는 방법이었다. 과제에서 일탈하는 행동은 과제 수행에서 성취와 기쁨, 재미 등을 느껴보지 못한 학생들이 보일 수 있는 반응이라고 생각했다. 그래서 여학생들에게 체육 수업을 자세히 안내하는 것으로 그들이 보이는 작은 일탈 행동(지각, 과제 기피, 체육복 미착용, 핑계 대고 쉬기)을 방지하고 확산을 저지하며 학습의 즐거움과 재미를 제공하고자 했다. 난 여학생들이 학습에서 보이는 기피나 회피 행동도 결국은 성공으로 인한 기쁨, 성취에 따른 즐거움을 경험하지 못하여 나타나는 일탈 행동으로 보았다.

 뜀틀 앞구르기 수업이다. 그런데 3~4명을 제외하고는 여학생들이 뜀틀을 향해 달려올 생각을 하지 않는다. 모두 줄 서 있는 친구 뒤에 숨어 자신의 기회를 다른 친구에게 준다. 학습에서 기회를 잃어버리는 것이 가장 큰 문제이다. 체육복을 입지 않거나 수업에 지각하는 행동은 과제를 수행하는 데 문제가 되지 않는다. 그런데 교사가 제시한 과제를 기피하거나 회피하는 행동은 학습을 포기하는 일탈 행동이다. 어떻게 그들을 학습에 참여하게 할 것인가? 교사인 내가 해결해야 한다. 1999. 9. 22. 수업 일지.

뜀틀 앞구르기

체육 수업에서 학습에 참여하는 모든 학생은 주어진 과제를 수행해야 한다. 과제를 수행하기 위해 움직이지 않는다면 학습이 이루어질 수 없다. 여학생들이 과제 수행을 회피하거나 기피하는 행동을 수업에서 발생하는 가장 큰 일탈 행동으로 보았다. 하지만 그들을 학습에 참여하게 하는 통제 방법은 매를 들거나 호통을 쳐서 강압적인 분위기를 만드는 것은 아니었다. 이러한 선택은 교사인 내가 다른 선생님들의 수업 모습을 보면서 내린 결론이었다. 강압적인 분위기에서 학습에 참여하는 여학생들은 과제를 하려는 마음으로 움직이는 것이 아니라 하는 흉내를 내는 것이었다. 즉, 강압적인 통제하에서 그들이 하는 어쩔 수 없는 선택이었다. 학생들이 과제에 참여하지 않는 경우, 체육 교사들은 분위기를 잡는다는 핑계로 쪼그려 뛰기, 선착순, 오리걸음, 엎드려 등을 실시하게 했다. 그러한 체벌은 학생들이 학습을 하게 하는 힘이 되었다. 그러나 그러한 강제적 학습 방법은 학생들에게 과제에 참여하는 척하는 행동을 선택하게 만들었다. 그리고 교사의 시선이 사라지는 순간 여학생들에게 과제 수행 모습도 사라지게 했다. 그래서 난 여학생이 학습에서 보이는 기피나 회피 행동 등의 일탈 행동을 구조적으로 이해하여 지도하는 방법을 선택했다. 학생들에 대한 이해는 수업을 하고자 하는 교사와 학습자의 소통을 위한 것이었다. 난 소통을 통해 학습에서 일어나는 일탈 행동을 방지하고자 했다.

으악이다. 높이뛰기가 굉장히 무섭다. 왠지 떨린다. 어떻게 하면 바를 안 건드리고 넘을 수 있을까? 두려워 잘하는 친구들 뒤로 숨고 싶은 마음뿐이다.　1999. 10. 19. 한정은.

허들은 나의 두려움의 대상. 왜 하필 허들이…… 하도 스트레스
를 받아서 꿈에서조차 엄청나게 큰 허들이 나타난다. 그러나 누군가
얘기했듯이 무조건 못한다고 하기보다는 '할 수 있다'라는 생각이 중
요하다. 나는 마음속으로 '나는 할 수 있다'라는 생각으로 열심히 연
습에 임했다.　1998. 9. 3. 김정은.

교직 생활 중 처음으로
여학생들을 만났을 때 나
는 체육 수업 속의 여학생
이 마냥 낯설고 불편했다.
그래서 낯설고 조금은 어색
한 여학생을 이해해보려고
'체육 수업 일지'를 작성하
게 했다. 여학생의 수업 일
지를 통해서 난 여학생들

이 수업 시간에 보이는 행동들을 이해하게 되었다. 학생들의 기피 행동
은 수행 과제로 제시된 뜀틀, 허들 달리기, 높이뛰기 등의 과제 자체가
학생에게 부담으로 다가갔기 때문이었다. 또한 여학생들은 과제가 생소
한 것이거나 불안과 공포를 유발하는 경우 과제를 회피하거나 기피하
는 행동을 한다는 것을 알게 되었다. 그리고 망설임과 두려움 속에서
도 '나도 잘하고 싶다. 그래서 나를 바라보는 친구들에게 인정받고 싶
어'라고 하는 의지도 강력하게 가지고 있다는 사실을 알게 되었다.

나는 체육 수업에 존재하는 또 다른 반쪽의 학생들에게서 나타나는
일탈 행동의 원인들을 조금 이해하게 되었다. 나는 여학생들의 수업에

서 과제 수행을 기피하거나 회피하려는 행동의 근본으로 다가가 원인을 치료해줌으로써 학습에서 보이는 일탈 행동을 다소 방지할 수 있었다. 이러한 나의 노력은, 수업은 교사 개인의 일방적인 통행으로 이루어지는 것이 아니라 학생과의 소통에서 비롯되어야 한다는 신념의 실천이었다. 그 결과 나는 수업에서 남학생과 다른 여학생들을 이해하게 되었으며, 그 이해를 통해 여학생들이 수업에서 보이는 일탈 행동을 방지하고 적극적으로 과제 수행을 하게 할 수 있었다.

학생이 학생을 이끌다

나에게 있어 방원중학교(2002~2015년)와 상암고등학교 시기이다. 나는 교직에 처음 발을 딛는 순간부터 체육 수업을 잘하는 교사가 되어야 한다는 열망으로 가득했다. 이러한 열망을 달성하기 위해 수업에서 일탈 행동이 일어나지 않도록 하는 좋은 체육 수업을 희망했다. 그래서 학습에서 일어나는 일탈 행동의 방지를 위한 학생 관리는 폭력적이거나 억압적인 것보다는 즐겁고 의미 있는 수업을 통해 극복되어야 한다고 믿었다. 이를 위하여 십수 년 비공식적 교과 연구 단체에서 주도적으로 활동했다. 그리고 전국의 각지에서 열정과 헌신으로 열심히 가르치는 교사들과 수업에 대하여 의견을 나누었다. 또한 부족한 지식을 채우기 위해 대학원에 진학했다. 학교 현장에서의 실천적 경험과 대학원에서 배운 교육학적 지식은 나를 성장시켰다. 수업이 무엇이고, 그 수업을 어떻게 만들어야 학생들이 행복해하고 즐겁게 학습 과제에 참여하는지 이해하게 되었다. 그간의 세월 속에 '학생들이 수업에서 어

BB탄 소총

뜷게 관리되어야 하는가?'라는 것에 대한 답을 찾는 과정이 있었다면,
2005년 이후의 시기는 학생 관리에 대한 나의 신념이 틀리지 않았다
는 확신을 갖고 실천하게 되었다.

> 종이 울렸는데도 만들던 동작을 완성해보고 들어간다고 쉬는
> 시간에도 연습이다. 수업에서 과제를 완수하기 위해 열심히 임하고
> 있는 아이들을 보면 교사로서 묘한 흥분을 느낀다. 한편으로 교사로
> 자긍심을 갖게 되고 행복하다. 역시 수업을 준비하는 것으로 수업에
> 서 나타나는 일탈 행동을 해결할 수 있는 것 같다.
>
> 2006. 9. 15. 나의 일지.

이러한 나의 확신은 특히, 교사가 준비하고 계획한 수업에 의해 학생의 돌발적 행동이나 수업에 방해되는 일탈 행위를 상당 부분 해결할 수 있음을 깨닫게 된 것에 기인하는 바가 크다. 다시 말해, "수업 환경을 과제 수행하기에 최적화하기", "학습 과제를 학생들에게 의미 있는 과제로 선정하기", "교사가 성실하게 수업 준비하기" 등으로 학습에서 발생하는 일탈 행동의 방지가 가능하다고 믿고 실천했다. 실제로, 학습이 일어나는 공간에 아이들이 수업에 참여할 수 있는 좋은 학습 환경을 마련하고, 학습 과제가 할 만한 것이라는 믿음이 학생들에게 형성된다면 수업에 방해되는 심각한 일탈 행동이 발생하지 않아 교사가 학생을 인위적으로 통제하거나 벌칙을 줄 필요가 없음을 몸으로 느끼게 되었다. 예를 들어 "자체 제작한 허들의 사용과 8개의 라인 그려주기를 통한 허들 수업(2006. 3. 14~4. 14), 150m 트랙에서 6개의 코스를 그린 이어달리기 수업(2005. 3. 17~4. 6), 16개의 네트와 경기장을 그려 실행한 소프트 테니스 수업(2009. 3. 9~4. 10), 백색 라인과 팀 조끼의 핸드볼 수업(2011. 8. 30~9. 30), 음악이 함께한 인라인스케이트 수업(2012. 11. 6~11. 30), 모두가 하나되는 경험을 이루어낸 엑슬라이더(2014. 5. 2~6. 14)" 등이 있다.

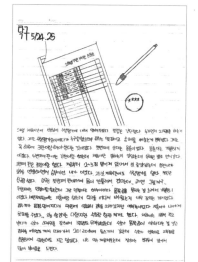

이러한 수업은 학습 환경을 준비하고 계획된 학습 내용으로 학생들의 일탈 행동을 방지한 대표적인 수업 사례이다. 과거 내가 수업을 잘하는 것으로 수업에서 발

생하는 학생들의 일탈 행동을 방지하고자 하는 학생 관리의 방법을 실현한 것이었다.

난 교사이기 때문에 수업 환경을 준비하는 데 최선을 다한다. 내가 가지고 있는 환경적 지식을 다 동원하여 학생들이 최적의 환경에서 학습 과제를 성취할 수 있도록 하고자 하는 의도이다. 교사가 열정을 가지고 지도하면 학생들도 그 열정을 느껴 보다 열심히 수업에 임할 수 있겠다는 믿음에서 계속한다. 준석과 현석이 쉬는 시간에 나와 테니스를 한다. 그리고 수업이 시작되자 늦게 나오는 친구들에게 한마디 한다. "야, 빨리 좀 나와." 하고 나의 믿음이 실현되는 순간이다. 아, 이보다 기쁘고 즐거울 수 없다. 교사라는 사실이 행복하다.

2009. 4. 1.

나는 학생들을 가르치면서 과제 참여를 위해 "학습 환경의 최적화를 통한 자발적 참여하기, 준비되고 계획된 수업 내용으로 학생들의 욕구를 높여 참여하게 하기" 등을 수업의 기본 방향으로 설정했다. 따라서 난 학생들의 수업 참여를 위한 관리는 학습 환경을 만들어주는 것으로 많은 부분 달성했다고 생각했다. 나는 학생들에게 나타나는 학습 일탈 행동은 과제가 부적절하여 학습의 의욕을 떨어뜨리는 경우 대개 일어난다고 보았다. 그래서 학생들이 과제 수행에 적극적으로 참여할 수 있는 조건을 만드는 일에 최선을 다하고자 했다. 이러한 노력의 결과 나는 체육 교사들이 사용하는 통제가 아닌 방법으로 학생들과 함께 수업을 할 수 있는 토대를 마련하게 되었다. 이러한 상황에서 학습에 의욕이 전혀 없어 나의 어떤 노력에도 꼼짝도 하지 않는 무기력한 학생을 또 만나게 되었다.

> 1교시 5반 수업이었다. 하늘이가 전 시간에도 나오지 않고 이번
> 시간에도 또 나오지 않았다. 눈병이라 교실에 있겠다고 다른 아이가
> 알려주었다. 수차례 몸에 이상이 있으면 교사인 나에게 직접 와서 이
> 야기하라고 했다. 내가 아름을 찾으려고 교실로 가다 복도에서 만났
> 다. 손에 가득 빼빼로를 들고 안대를 했다. 얼굴에는 득의양양한 표정
> 을 짓고 서서 마치 개선장군 같았다. 난 그런 그의 태도에 화가 머리
> 끝까지 났지만 '말귀를 못 알아듣는 아이에게 무슨 소용이 있을까?'
> 생각하며 나를 달랬다. 그 녀석의 태도에 나도 모르게 폭력을 행사할
> 뻔했다. 교사는 성직자가 아니라 한 인간이다. 그래서 잘못 된 행동
> 을 하는 아이들을 보면 때로 화가 나기도 하고 한 대 때려주고 싶은
> 욕구도 생기기도 하는 것이다. 그러나 난 교사이다.
>
> 2005. 11. 11. 수업 일지.

학생에게 오랜 시간을 걸쳐 형성된 무기력은 쉽게 제거할 수 있는 것
이 아니라는 사실을 알고 있었다. 그러나 학습에서 보이는 그런 학생
의 일탈 행동을 수정해주고 싶었다. 그래서 타일러보기도 하고, 없는
아이처럼 생각하며 수업을 진행하기도 했다. 그러나 나의 이런 관리 방
식은 무기력한 학생에게는 행동의 수정을 할 만큼 영향력을 발휘하지
못했다. 대신에 교사인 내가 분노하여 감정을 절제하지 못하고 폭력을
행사하려는 강한 유혹에 빠지는 일이 생기곤 했다. 그러나 난 "무식한
교사, 폭력 교사"라는 이미지를 갖고 싶지 않았다. 체육 수업을 잘하는
교사, 좋은 교사이고 싶었다. 그러한 의지가 학습에서 무기력한 모습으

로 나를 화나게 하는 학생 앞에서도 감정을 절제하게 하였다.

나는 학생의 잘못된 행동에 대해 즉각적인 반응으로 손쉽게 통제하고픈 유혹에서 벗어나 시간을 갖고 학생을 지도하는 마음을 쌓아갈 수 있었다. 내 수업으로 학생들에게 교사는 철저하게 수업을 준비하며, 그 준비는 '학생들의 과제 수행을 위해' 한다는 '믿음'을 갖게 하였다. 학생들과 나 사이에 수업을 중심으로 하여 믿음과 신뢰가 형성되었다.

> …… 아침 일찍 운동장에 트랙을 그리는 샘을 보면서 '참 열심히 준비하시네.' 하는 생각을 했어요. 우리가 운동장에 나가기 전에 멋지게 백색으로 테니스장이 그려져 있고, 네트가 쳐져 있으면 절로 수업 시간에 운동을 열심히 해야겠다는 마음을 먹곤 하였어요. 언제나 우리를 위해 수업을 준비하시는 선생님을 보면서 선생님이란 직업이 어렵고 힘들겠구나 하는 생각도 했고요. 하지만 저도 사범대에 가서 선생님처럼 아이들을 사랑하며 수업을 열심히 하는 교사가 되고 싶어요. 선생님, 제가 선생님을 사랑하는 것 아시죠? 선생님과 배우면서 체육 시간에 저도 할 수 있는 것이 행복했고 즐거웠답니다. …… 선생님의 열정과 학생들을 위하는 마음 잊지 않겠습니다. 선생님 감사합니다. 2012년 다솜 씀.

꾸준히 수업을 준비하고 실천하면서 학생들로부터 교사에 대한 신뢰를 획득하게 되었다. 그러한 신뢰는 학생들이 나에게 고마움을 표현하는 것으로 나타났다. "선생님, 우리 학교에서 짱이에요. 선생님 사랑해요. 체육 선생님 최고! 우리를 잘 가르쳐주셔서 정말 감사해요. 사랑해요." 하면서 그들의 마음을 표현하는 일을 접하게 되었다. 학생들과 나의 수업에 대한 신뢰는 "자율과 책임"이라는 스스로의 일탈 행동 방지로 발전한다. "야, 선생님 힘드신데 빨리 서라, 민철. 체육 시간엔 체육복을 입어야지, 성태 넌 왜 매일 지각하는 거야. 빨리 나와라." 하며 수업 규칙 위반 학생들에게 순석이 소리친다.

수업 시간에 학생들과 소통을 한다는 생각을 하게 되었다. 교사가 의도하는 바를 전달하면 학생들이 이해하고, 학생들이 수업에서 무엇을 원하고 있는가 하는 부분에 대해 나는 수업을 하면서 느끼게 되었다. 오늘 수업에서 나타났듯이 이제는 내가 학생들을 통제하는 것이 아니라 수업에서 열심히 하는 순석과 현석 같은 학생들이 규칙을 위반하는 학생들을 비난하거나 하여 일탈 행동이 일어나지 않도록 강제하고 있다. 이는 내가 그들에게 체육 수업을 잘 만들고 있다는 반증인 듯하여 정말 행복하고 기분이 좋다. 학생들과 갈등하지 않아도 된다는 사실을 느낀다는 것이 내가 교사로 거듭나고 있구나 하는 생각이 들게 만든다. 그래 수업을 준비하고 반성하면서 더 좋은 교사가 되자. 2009. 6. 19. 수업 일지.

수업 시간에 다수의 학생들이 과제에 참여하도록 지시하지 않아도 되는 상황이 연출되었다. 나는 수업에 대한 철저한 준비를 통해 학생들에게 신바람 나는 신체 활동을 제공함으로써 열심히 하는 학생들이 다소 소극적이거나 무기력한 학생들을 이끌도록 만들었다. 학생들로 하여금 학생들을 상호 견제하게 함으로써 교사가 학생들과 수업 참여를 놓고서 신경전을 벌이며 갈등하는 상황을 줄이게 되었다. 이는 교사인 내가 나서는 것보다 효과적이었다. 교사인 나보다 무서운 것은 또래 친구들이었다. 학생들에게 수업이라는 시공간에서 가장 중요한 것은 동료와의 관계였으며 그것은 무기력한 학생을 움직이게 하는 가장 강력한 힘이었다. 나는 교사의 열정으로 일부 학생에게 열정을 불어넣었다. 이는 수업 시간에 교사와 학생 사이에 수업이라는 매개체를 중심에 두고 신뢰를 바탕으로 하는 소통의 구조가 만들어졌기 때문에 나타난 현상이다. 나는 수업 시간에 교사의 책무를 성실하게 준비하고, 학생은 준비된 과제에 열심히 참여하는 것으로 서로 소통하게 되었다. 그러한 수업의 소통을 통해 학생들에게 학습 일탈 행동에 대해 자율과 책임이라는 의식을 갖게 만들었다.

이이제이以夷制夷다. 수업에 적극적이고 열심히 하는 학생이 수업에서 일탈하고자 하는 학생을 관리하게 되었다. 내가 초임 시절부터 좋은 수업을 통해서 일탈 행동을 방지하고자 한 노력의 결실이었다. 비로소 나의 교육적 신념을 위협하는 학습 일탈 행동에 대해 적절한 방어 전략을 취할 수 있게 되었다. 그러나 교사인 나는 여전히 "교육을 나와 세계에 대한 무지를 깨우쳐가는 과정"이라고 믿고 있다. 따라서 체육 수업에 대해 무지한 학생은 언제든 등장할 수 있다. 나는 가르쳐야 할 학생이 있는 한, 가르침을 행하는 과정에서 발생할 수 있는 학습자의 학습 일탈 행위는 항상 일어날 수 있다고 생각한다. 나의 수업에서 학습을 하는 학생이 있고, 그 학생이 학습과 무관한 일탈 행동을 하게 되면 그러한 일탈 행동을 제어하기 위해 방법을 찾을 것이다.

학생들이 학습의 장에서 일탈하는 까닭은 학습이 자신에게 의미 있게 다가오지 않기 때문이다. 그러나 학생이 가지는 '의미'조차 배워서 습득된 것이라고 나는 생각한다. 초임 시절 아이들이 외치는 '재미'로 인해 아나공 수업에 갇히기도 했지만 이제는 아이들의 재미를 넘어서

재미를 창조적으로 제공하고 있다. 그리고 교사인 내가 학생들에게 재미를 통해 즐거움, 기쁨, 자긍심, 성취, 성공 등 긍정적 경험을 제공하는 것이 그들에게 세상을 보다 따뜻하게 바라보게 하는 긍정의 에너지가 된다는 사실을 안다. 이제 어떻게 체육 수업으로 세상을 바꿀 수 있는지 그 방법을 알게 되었으며 그 길을 가고 있는 것이다.

2부

체육 교사,
수업을 기록하다

나는 수업을 잘하는 체육 교사가 되고 싶었다. 왜냐하면 수업을 하지 않는 체육 교사는 교사가 아니라고 생각했기 때문이다. 수업을 하지 않아 학생들과 학부모로부터 무시당하는 교사, 동료 교사들로부터도 교사 대접을 받지 못하는 무늬만 교사인 체육 교사. 그런 체육 교사가 싫었다. 난 당당히 가르치는 체육 교사가 되어 학생들을 행복하게 해주고 싶었다. 잘 가르치는 교사가 되기 위한 모색을 고민하던 중, 선배 교사의 조언을 받아들여 수업을 기록하기 시작했다.

수업에서 내가 무엇을 해야 할지 모를 때, '재미'만 외쳐대는 학생들을 만났을 때, 학생들이 수업에서 원하는 것과 내가 원하는 것이 다를 때, 여학생들을 처음 만나 그들을 어떻게 지도해야 할지 알 수 없었을 때, 과제를 수행하지 못해 회피하는 학생들을 만났을 때, 과제 수행을 위한 학습 환경을 고민할 때, 수업에서 이탈하는 행동을 반복적으로 하는 학생과 갈등이 발생했을 때, 수업 실천 속에서 행복하거나 슬픔이 발생했을 때 등 다양한 수업 상황에 직면했다. 나는 그러한 상황에서 내가 어떤 생각을 하였으며, 무엇을 하였는지 서툴지만 수업 일지로 남겼다.

도움닫기 멀리뛰기

　수업 일지의 기록은 나의 수업을 이해하게 해주었다. 체육 수업에서 무엇을 가르쳐야 하는가, 나는 학생들에게 어떤 권위를 부여받을 것인가, 학생들에게 기대하는 것은 무엇인가, 학생들은 어떻게 지도해야 하는가, 학생들은 누구인가, 수업 준비를 왜 하는가, 나는 어떤 교사인가, 체육 수업의 본질은 무엇인가 등 당면한 수업의 실천 속에서 일어나는 사건과 사고를 접하면서 스스로에게 묻고 또 물었다.

　학교에서 수업을 하면서 교사들은 행복을 맛보기도 하고, 아이들로 인해 정말 슬픔을 맛보기도 한다. 그런데 그런 순간들의 기억을 대부분의 교사들은 짧은 시간 기억할 뿐, 끝없이 반복되는 수업의 일상 속에 묻혀 어느 순간 기쁨도 슬픔도 모두 잊어버릴 수밖에 없다. 그러한 결과 어떻게 학생들을 가르쳐서 그들이 행복했고 즐거웠으며 때로는 분노했는지 기억하지 못하게 된다. 그러나 난 나의 수업을 기억한다. 수업에 대한 반성적 기록을 통해 기억하고 있다. 수업에서 기쁨, 슬픔, 좌절, 수치심, 죄책감, 자부심, 학생들의 행복과 분노 등의 순간들을 온전히 가지고 있다. 그래서 수업을 잘하고 싶은 마음 하나로 시작된 수업의 기록으로 말미암아 나의 수업은 진화할 수 있었다.

소프트 테니스 게임

아이들을 가르치는 힘이 되다

　수업 시간에 아이들과 교사가 함께 움직여야 한다. 수업 공간은 교사와 아이들이 함께 만들어가는 소중한 공간이다. 수업 공간을 신명나는 공간으로 만들기 위한 열쇠를 가지고 있는 사람은 아이들이 아니고 교사이다. 수업을 준비하는 교사, 수업을 계획하는 교사는 수업에서 아이들에게 기쁨과 즐거움 그리고 다양한 경험을 제공하게 된다. 교사의 준비는 아이들이 수업에서 과제 수행을 통해 다양한 신체 활동 경험을 접할 수 있게 한다. 아이들은 체육 수업 속에서 자신에게 잠재해 있는 풍부한 신체적 가능성을 발견하고 경험할 수 있다. 교사는 아이들이 가지고 있으나 아직 드러나지 않은 능력을 찾아내기 위해 수업을 준비하고 계획한다. 이렇듯 체육 교사는 아이들에게 신체적 기능의 향상과 새로운 정신적 경험의 세계를 열어주기 위해 수업의 공간을 준비한다.

　체육 교사와 아이들이 함께하며 수업을 만들어갈 때 수업 공간은 역동적인 공간으로 거듭난다. 이러한 공간을 만들기 위해 교사는 고민하여 수업을 계획하고 준비하며 실천하는 것이다. 수업의 중심을 학생으로 세우는 일은 소중하고 올바르다. 그러나 또한 수업의 공간에서 교사가 학생들로 인해 어떤 경험을 하고 그러한 경험 속에서 무슨 생각을 하는지 알아보는 것도 의미 있는 일이다.

영역형 수업 활동인 축구에서 학생들은 슛을 성공하여 환호하고, 도전 활동인 높이뛰기 바를 멋지게 넘어 행복해한다. 그리고 또 다른 학생은 단거리 달리기에서 자신이 거북이처럼 느려 죽고 싶도록 미워지는 경험을 하기도 한다. 수업은 마치 살아 있는 유기체와 같이 생명을 가지고 성장한다. 왜냐하면 그 속에서 학생들이 성장하기 때문이다. 학생들은 때론 자신의 능력 안에서 성장하고, 때로는 그 능력을 뛰어넘어 자신을 성장시키고 있다. 또 한편으로 수업에는 어두운 그림자도 있다. 어떤 학생들은 수업에서 성공을 통한 성장의 기쁨보다는 좌절과 절망을 더 많이 경험하여 자신을 미워하게 되기도 한다. 이렇듯 수업의 공간에는 학생들이 생생하게 존재한다. 그리고 이러한 학생들의 생생한 자기 경험의 뒤에는 교사가 서 있다. 수업의 공간에서 교사는 다양한 아이들의 모습에 울고 웃는다.

교사는 수업에서 학생들과 함께 호흡한다. 아이들이 행복해하면 교사도 행복해할 것이며 아이들이 좌절하고 슬퍼하면 또한 교사도 슬퍼한다. 이러한 수업의 과정에서 교사는 아이들과의 관계에서 교사로서의 다양한 경험을 하게 된다.

아이들과 관계를 통해 거듭나는 나를 보다

2학년 4반 어렵고 힘든 반이다. 시작은 늘 늦고 선생님 이야기에 귀 기울이는 아이들이 없는 듯 느껴지는 반. 그래서 늘 칼이 서서 다가가는 반. 교사인 내가 바뀌기로 했다. 4반 아이들 수업을 할 때는 보다 여유를 가지고 수업에 임하기로 그리고 가능한 한 아이들의 긍정적인 면을 부각시켜보기로 했다. 출발은 마음에서 시작되었다. 오늘도 4분 늦게 다 모였다. 그러나 특별한 꾸중 없이 수업을 시작했다. 보다 많이 설명하고 아이들을 보며 가능한 한 웃었다. 그렇게 수업을 하니까 내 마음도 편했다. 수업을 5분 늦게 시작한다고 수업 시간에 해야 할 것을 못하는 것은 아니다. 저 아이들에게 수업 시간에 늦는 것에 대하여 얘기는 하되 그 일로 나에게도 아이들에게도 몰아세우지 말자. 그것이 오늘처럼 날이 서지 않은 채 수업을 할 수 있는 방법이다. 1시간의 수업이 소중하다. 그러나 아이들을 무거운 분위기로 몰아가는 어리석음을 다시 반복하지 말자.　2005. 3. 31. 수업 일지.

수업에서 교사는 아이들로부터 도전을 받는다. 그 도전에 대하여 교사가 어떻게 반응하느냐에 따라 수업이 즐겁기도 하고 지루하고 재미없는 45분이 되기도 한다. 수업에서 아이들과의 관계를 열어가는 열쇠는 교사가 가지고 있다. 아이들은 수업에 도전을 하기는 하지만 매듭을 풀지는 못한다. 그래서 수업에서 교사의 마음 자세는 수업의 분위기를 결정하는 중요한 열쇠가 된다. 수업에서 아이들을 중심에 세운다는 것은 아이들을 깊이 있게 이해하는 곳에서 시작된다.

김유진(가명) 학생은 오늘도 체육 수업을 못한다고 한다. 어제 사고가 있어 아빠가 체육을 하지 말라고 했단다. 그래서 난 어제 사고가 있었으면 병원에 갔었느냐고 물었다. 밤이 늦어 병원에 가지 않았단다. 이 여학생은 수업에 참여한 날보다는 아프다고 교실에 남아 자기 마음대로 수업을 빠진 날이 훨씬 많다. 난 달래도 보고 야단도 쳐 보았지만 별 소용이 없어 이 아이를 매우 사무적으로 대한다. 오늘도 난 유진이가 아파서 수업을 못한다고 뻔한 거짓말을 하는 것에도 화가 났지만 그 아이의 말하는 태도, 나를 대하는 모습에서 정말 화가 났다. 나의 자식이라면 호되게 야단치고 매도 들었을 것이다. 그러나 아이들을 가르치는 교사이기에 참고 사무적으로 아이를 대했다. 좋은 모습을 보이지 않는 한 아이의 행동으로 인해 내 감정에 손상을 가져오고 그로 인해 수업을 망치는 일이 있어서는 안 되기에 감정을 자제했다. 수업에는 또 다른 많은 아이들이 존재하므로. 난 유진이도 가르치고 성장시켜야 하는 아이지만 그러나 싫다.

2005. 5. 17. 수업 일지.

교사는 수업에서 아이들로 인해 감정적 손상을 입는다. 아이들은 자신들의 생활에서 하는 대로 이야기하고 함부로 행동한다. 그들의 세상은 우리 교사의 세상과는 사뭇 다르다. 학생들에게는 매우 소중하고 중요한 일들이 교사에게는 아무 일이 아닌 경우가 많으며 또한 학생들 사이에서는 일상적으로 행해지는 말과 행동이 교사에게는 매우 충격적인 일이 되기도 한다. 그러

나 교사는 교육자이다. 아이들이 교사를 힘들고 어렵게 해도 아이들을 깊이 있게 이해하고 폭넓게 끌어안으려는 노력을 해야 한다. 그럼에

도 불구하고 교사는 어느새 자신의 세계에서 아이들을 보고 평가하며 화를 내게 된다. 더욱 아이들의 세계로 들어가야 한다. 왜 수업을 자꾸 빠지는지 그 원인을 치유하려는 마음이 있어야 한다. 나의 수업에는 형욱, 동진, 철경, 동욱, 성수, 일호, 수민, 도희, 지영, 다솜, 서현, 유진, 예지, 현진, 실희가 있다. 아이들은 생김과 태도, 성향, 자란 배경, 경제적 수준, 문화적 경험, 신체 활동 경험 등에 차이가 많다. 이러한 이유로 인해 체육 수업에서 과제를 수행하는 아이들 모두가 즐겁고 행복하기가 어렵다. 수업을 하는 나에게 항상 어려움이 있을 수 있는 것이다. 어려움이 있다고 해서 수업에서 도피하려는 아이들을 나 몰라라 버려두고 그들이 배울 수 있는 기회를 빼앗을 수 없다. 교사인 나에게는 아이들이 배우려 하지 않아도 가르쳐야 하는 의무와 책임이 있는 것이다.

수업의 의무와 책임이 있기에 교사는 언제나 자기 자신을 돌아보는 작업을 반복해야 한다. 특히 수업에 열정적인 교사는 잘 가르치기 위해 반성적 사고가 요구된다. 교사의 반성은 오늘의 수업을 반성하여 내일의 수업을 계획하게 하는 힘이 된다. 다만 열정적인 교사라고 해도 자신의 수업을 기록하지 않는다면 수업에서 발생하는 모든 일들을 기억하기가 어렵다. 수업에서 무슨 일이 일어났는지, 학생들은 언제 행복해하는지, 교사가 학생들과의 관계에서 느끼는 감정은 무엇인지 등이 수업에서 순간적으로 다가왔을 때에는 분명히 이해하고 수정하려 하지만 시간이 흐르면 기억에서 사라진다. 인간의 기억이 가지는 한계로 인해 나타나는 문제이다. 따라서 자신의 수업을 들여다보고 그 속에 있는 교사 자신을 보기 위해 난 수업 일지가 중요하다고 생각한다.

기록되지 않은 역사는 아무도 기억하지 못한다. 수업도 교사의 손에서 기록되고 그를 통해 자신의 모습을 볼 수 있어야 한다. 이렇게 될 때 더 좋은 교사로 거듭날 수 있을 것이다. 수업의 질이 교사의 질을 넘어설 수 없다는 말이 진실이라면 교사의 질을 향상시키는 일은 수업의 질을 향상시키는 것이다. 그래서 수업 일지 속에서 교사는 자신의 모습을 보아야 하는 것이다. 수업 일지는 교사인 내가 나일 수 있도록 언제나 나와 함께하는 그림자이다.

"야, 5분 늦게 나온 다한이하고 이리 나와." "선생님, 전 승석이랑 같이 나왔는데요." 하고 나를 본다. 순간 학생들이 모두 나를 본다. 내가 학생을 잘못 보았나 하고 당황했다. 그리고 "그래 승석이랑 5분 늦게 어슬렁어슬렁 나왔잖아." 하고 얘기했다. 학생들도 "네가 늦게 나왔잖아." 하고 얘기한다. "왜 매번 반복되지. 고쳐야 할 거 아니야." 했다. 나의 화가 치밀어 오르고 있었다. 난 "이리 나와 엎드려." 하고 고함을 쳤다. 그리고 가지고 있던 라켓으로 엉덩이를 한 대씩 때렸다. 때리는 순간 분노를 느꼈다. "나쁜 놈들 진짜 말을 안 듣네." 하지만 이는 나의 내면에 있는 말이다. 분노가 얼굴에 나타나면 학생들과 관계가 불편해진다. 2008. 5. 20. 수업 일지.

난 수업의 맥락에서 학생들과 관계 진전을 이루는 경우 행복해지고 자긍심을 느낀다. 그리고 내가 준비한 수업 환경에서 학생들이 적극적으로 참여를 하며 학습 과제에 몰입하는 모습을 보면서 교사로서 정체성을 확인하게 된다. 또한 학생들과 관계에서 느끼는 분노, 공포, 불안 등의 정서를 어떻게 조절하여 수업을 유지하는지 나의 모습을 알게 되었다.

아이들 저마다의 소리는 그들이 만들어야 한다

호권, 용재, 원석이의 종아리를 때렸다. 약속을 몇 번씩 지키지 않았기 때문이다. 이 녀석들에게 약속은 별 의미가 없는 것인가? 난 잘못한 사실을 알려주고 종아리를 때렸다. 아이들에게는 잘못한 사실에 대한 명확한 확인이 있어야 한다. 그렇지 않으면 수업이 엉긴다. 이제 이어달리기를 끝낼 때이다. 그런데 아직도 매끄럽게 잘 안 된다. 물론 선수들처럼 할 수는 없지만. 이어달리기 수업에서 아이들이 재미를 느꼈으면 한다. 그래, 교사인 난 아이들에게 이어달리기를 위한 최선의 조건만 제공해주는 것으로 머무르자. 나머지는 34명의 아이들 저마다의 몫으로 넘기자. 피리는 속이 비어야 소리가 나지 않는가. 난 피리 속을 비워주는 역할만 하자. 소리는 아이들 각자가 내게 만들자.
2005. 4. 1. 수업 일지.

교사는 수업에서 아이들이 즐거워하고 기뻐하기를 원한다. 아이들이 신나게 운동장을 달리고 밝은 미소를 짓기를 좋아한다. 그리고 아이들

농구 게임

이 수업에서 비슷한 형태로 성공과 성취를 경험하며 환호하기를 기대한다. 그러나 아이들은 모두가 같지 않다. 그들 34명은 다 다르다. 그렇기에 성공과 성취의 소리도 아이들 각자가 만들어야 하는 것이다. 교사의 수준에서 교사의 눈으로 보지 말고 아이들 수준에서 아이들의 눈으로 보게 하는 여유가 필요하다. 결국 아이들의 소리를 만드는 일은 아이들 각자의 몫이다. 누구나 일상적으로 성공과 실패를 만나야 한다.

수업에서 아이들이 일상적으로 성공과 실패를 경험하며 성장할 수 있도록 하기 위해 교사는 그들을 이해해야 한다. 학생들의 사회·문화적 배경을 이해해야 하고, 그들이 수업에서 무엇을 보고 느끼는지 알고 있어야 한다. 수업에서 학생들을 이해한다는 것은 수업의 시작이고 성공이다. 좋은 체육 수업을 하고자 한다면 학생들에 대한 이해는 필수적인 일이다. 수업 일지를 기록하면 수업 속 학생들을 자세히 관찰하게 된다. 그들이 교사가 제시한 학습 과제에 대해 어떤 반응을 보이고, 학습에 임하는 태도가 어떠한지 보고서 이를 기록하게 된다. 왜냐하면 수업 일지의 기록은 바로 수업 속의 아이들에 관한 기록이 대부분이기 때문이다.

> 8반 수업은 42명이다. 교사인 내가 한 번씩 쳐주기에는 너무 많은 숫자이다. 2반 아이들은 날씨가 춥다고 아우성이었지만 난 운동장에서 강행했다. 내가 한 번씩 쳐주면 그래도 포핸드 스트로크를 어떻게 해야 하는지 이해하는 수준이 달라진다. 여학생들은 1/3가량은 교사의 눈치를 살피며 수다 떨기를 시도한다. 잘하지 못하기에 귀찮고 재미가 없다고 한다. 학생들이 이 벽을 넘어서야 신체 활동에 대한 맛을 느낄 수 있는데…… 어렵다. 역시 여학생 지도는. 남학생들은 쉬는 시간부터 나와 코트를 차지하고 게임을 시작한다. 교사인 내가 하라고 하지 않아도 시작한다. 수업이 끝나고 네트를 치우는데 지훈이가 나를 돕는다. 내가 지시하지도 않았는데 이것이 교육의 힘이 아닌가 싶다. 교사로 산다는 것에 기쁨을 맛본다. -2009. 3. 25. 물 수업 일지.

수업 실천이 학습 환경의 진화를 만들다

수업 일지를 기록하게 되면 자신의 수업 환경에 대한 이야기가 빠지질 않는다. 왜냐하면 학생들이 어떤 환경에서 수업을 했는지가 학습 성취에 영향을 미치기 때문이다. 따라서 교사는 수업 환경에 대한 고민을 자연스럽게 수업 일지에 기록하게 된다. 이러한 기록을 통해 수업 환경에 대한 깊은 이해와 반성이 따르고 이를 바탕으로 보다 좋은 수업 환경을 조성하게 되는 것이다.

난 교사이기 때문에 수업 환경을 준비하는 데 최선을 다한다. 내가 가지고 있는 수업 환경적 지식을 다 동원하여 학생들이 최적의 환경에서 학습 과제를 수행하여 성취할 수 있도록……. 2009. 3. 25.

학생들이 학습 과제를 수행하기 위한 수업 환경은 언제나 변화할 수 있다. 학생들이 과제를 보다 효율적이고 효과적으로 수행할 수 있다면 바뀔 수 있는 것이다. 수업 일지 작성을 통해서 나의 수업 환경이 진화하고 있다는 사실을 알게 되었다. 그 이유는 학생들의 학습 성취에 있었다.

"왜 나한테 주는 거야." 구역 분할 농구 경기를 하는데, 나무 그늘에 서 있는 진숙에게 경희가 공을 패스하니까 하는 말이다. 공이 오는 것을 두려워하는 아이, 그냥 조용히 있는 듯 없는 듯 서 있다가 수업을 마치고 싶은 아이. 늘 자신은 잘하지 못했기 때문에 이번에도 별수 없다고 판단하는 아이. 난 진숙에게 무엇을 얻게 해줄 수 있을까? 성공이라는 것은 누차 실패를 거듭한 끝에 도달한 것이라고 앵무새처럼 말하면 되는 것인가. 이 말이 의미를 가지려면 진숙이가 단한 번만이라도 성공해야 한다. 실패를 통해서 성공이 달성된다고 하는 사실은 성공적 경험을 체험해본 사람에게만 설득력이 있는 말이다. "성공"이라는 경험을 체험해보지 못한 학생에게 난 어떻게 성공을 체험하게 할 수 있을까? 수업의 과제 수준을 낮추고 자신의 능력 안에서 이룬 작은 성취도 의미 있는 성공적 체험임을 깨달을 수 있도록 수업 분위기를 만들어야 한다. 그리고 무기력한 학생에게 가능한 한 칭찬의 기회가 많이 가도록 하는 방법을 사용해야 할 것 같다. 용기를 내 도전해볼 수 있도록. 2005. 5. 12. 수업 일지.

수업의 공간에서 성공한 아이는 자주 성공을 경험하고 행복해한다. 그리고 이들은 또 다른 성공을 준비하며 즐거워한다. 그런데 실패를 경험하여 좌절하고 고통받는 아이는 또다시 실패가 자신을 찾아올 것이라고 체념하며 수업을 포기한다. 수업의 공간에는 성공만이 존재하게 해서도 또는 실패만이 존재하는 학습 환경으로 기억되게 해서도 안 된다. 수업의 공간은 성공과 실패가 일상적으로 일어나는 공간이 되도록 해야 한다. 누구에게나 실패가 있을 수 있고 또 누구나 성공할 수 있는 가능성이 열린 공간이 되어야 한다. 모든 가능성이 열린 체육 수업 공간이 되게 하려면 교사가 아이들의 눈높이에서 수업을 바라보고 준비하며 학습 환경을 마련해야 한다. 그리고 수업의 성공적 의미를 보다 다양하게 제시해야 한다. 잘 달리고 잘 뛰는 것만이 성공이 아니라 동료를 아끼고 배려하는 마음을 가지게 되는 것도 성공임을 깨닫게 해야 한다.

그래서 학생들을 지도하는 교수 방법에 최고의 방법은 없다. 언제나 학생에 맞게 변화시킬 수 있어야 한다. 2009학년도에 네트형 게임인 소프트 테니스 수업을 계획하면서 난 여학생들도 게임을 통해서 기본 기능을 향상시킬 수 있다고 생각했다. 그리핀Griffin[1997]의 이해 중심 게임 수업에서 '변형된 게임 플레이', '질문을 통한 의사결정과 전술적 인식의 발달', '기술의 발달'이라는 3단계 모형을 따르고자 했다. 그래서 소프트 테니스 수업은 이해 중심 게임 수업 모형으로 운영을 계획했다. 그러나 이는 커다란 오류였다. 남학생들은 이해 중심 게임 수업 모형으로 3단계의 진행이 이루어졌다. 그러나 여학생에게는 이를 적용할 수가 없었다. 아주 낮은 수준으로도 변형 게임을 진행하려고 했으나 여학생들에게 이 방법을 적용하여 수업의 목적을 달성하는 것이 쉽지 않다는 판단을 했다. 그래서 게임을 통해 기본 기능을 향상시키고 규칙을 이해시키고자 한 지도 방법을 수정하여 직접 지도하는 방법을 택했다.

1반 5교시 수업 여학생 반이다. 단계적이고 구체적으로 한 명 한 명 지도해야 발전이 있다. 난 여학생들이 못하고 안 하려고 해서 지도를 쉴까 하다가 지도를 시작했다. 모두들 지도하지 않았는데 종료 종이 울렸다. 장비를 정리하고 들어가고자 하는데, "선생님, 왜 우리 지도 안 해줘요. 전 시간에도 안 해주셨는데. 아라도 지도받지 않았대요. 내가 편하고자 지도를 소홀히 하니까 나타나는 현상이다.

2009. 3. 31. 수업 일지.

나의 수업 전통을 만들어내다

나는 체육 교사가 되어 처음으로 운동장에 섰을 때 '아이들에게 무엇을 가르쳐야 하는가?' 하는 문제로 고민을 많이 했다. 체육과가 아닌 다른 동료 교사들은 "고민할 필요가 있어? 교과서에 있는 내용을 가르치면 되지." 하고 이야기했다. 하지만 그렇게 단순한 문제가 아니었다. 당장 눈앞에 벌어지는 현실은 교과서와 전혀 상관이 없었다. 학년에 구분 없이 3월 신학기에는 모든 체육 교사가 운동장에서 질서운동을 지도했다. 그리고 학생 체력 검사에 대비한 종목들을 학기별로 배치하여 지도했다. 교과서 어디에도 나오지 않는 내용이었다.

그래서 난 '어떻게 해야 하는가?' 고민 속에서 체육 수업을 기록하기 시작했다. 나의 수업 일지에는 체육 수업이 생생히 기록되어 있다. 나의 체육 수업은 시간이 가면서 진화했다. 그 변화는 하루아침에 이루어지지 않았다. 내가 수업에서 아이들을 가르치고, 아이들은 나의 지도 속에서 배워야 한다는 신념을 꾸준히 실천한 결과로 나타난 것이었다.

교사 수업 일지

　나는 내 수업에 대한 오랜 기록을 통해 나의 수업 전통을 마련하게
되었다. 물론 그것은 온전히 나만의 것이 아니다. '전국체육교사모임'이
주최하는 각종 연수와 모임에서 만났던 체육 교사들의 것이기도 하다.
나는 그들과의 만남을 통해 내 수업을 풍요롭게 실천할 수 있는 내용
들을 채웠다.

　나는 수업을 실천하는 힘이 생겼다. 그 힘은 수업의 기록에서 왔다.
나는 하루의 수업을 기록하면서 무엇을 잘했는지 또는 무엇을 잘못했
는지 살핀다. 내 수업을 반성함으로써 학생들과 교사인 나를 위한 수
업에 근접하게 되었다. 나의 수업 기록은 나의 수업 역사이다. 나의 수
업 역사는 내 수업에 대한 새로운 희망을 갖게 해준다. 그래서 나는 모
든 체육 교사들이 자기 역사를 기록하여 수업의 전통을 마련했으면
하는 바람을 가진다. 그것은 아마 학교 체육 교육의 현실을 보다 좋은
방향으로 바꾸는 시작이 아닐까 싶다.

"우리가 어떻게 해요"를 외치며 울상 짓는
30분 달리기 수업

방원중학교에 처음 부임하였을 때 나는 한참 마라톤에 심취해 있었다. 수업이 없는 한가한 시간에 틈을 내 개화산을 달리거나 운동장을 달렸다. 나는 달리면서 '이렇게 좋은 오래달리기를 수업에서 가르칠 수는 없을까?' 고민했다. 아이들은 달리기를 싫어하는데 어떻게 가르칠 수 있을까 하는 고민이었다. 가르쳐보지도 않고 내 짐작으로 아이들이 싫어할 것이라고 상정하고 걱정만 했던 것이다. 그러나 용기를 내어 시작한 30분 걷기 및 달리기 수업은 그해 아이들에게 매우 의미 있는 수업이 되었다. 체육 수업에서 늘 실패만 거듭하던 지복은 이 수업을 통해 "선생님, 저도 잘할 수 있는 것이 있네요." 하면서 좋아했다.

30분 달리기 수업은 교사의 준비가 필요하다. 그리고 수업 내용이 아이들에게 반드시 필요한 것이라면 어떻게 아이들의 동기를 유발할 것인가를 고민해야 한다. 아이들이 싫어하니까 하지 말자가 아니라 좋은 수업 내용이니까 잘 도입해보자고 마음먹고 실천하는 것이 중요하다. 수업에서 아이들에게 끌려다니지 말고 교사가 준비하여 아이들을 이끌어가는 것이 필요하다.

방원중학교에서 30분 달리기 경험을 바탕으로 상암고등학교에서 50분 달리기 수업을 실현하였다. 우리 학교에서 난지천 순환 길이 지척인 점을 이용하여 학교 밖으로 나간 것이다. 오래달리기는 학생들이 처음에는 힘들어했다. 그러나 내가 이 수업을 고집하는 이유는 다른 수업 내용에서는 확인할 수 없는 '자기 자신과의 싸움'이 이루어지기 때문이다.

"정말 재미있어요." 비비탄 사격

여학생들이 뜨거운 태양 빛이 내리쬐는 운동장에 나가지 않고 하는 수업이라 신나 하는 수업이 사격 수업이다. 나는 우연한 기회에 '비비탄 총으로 수업을 할 수는 없을까?' 생각하게 되었다. 한 학생이 운동장에서 비비탄 총을 가지고 나뭇잎을 맞히며 노는 것을 보고 수업에 활용해보아야겠다는 생각이 사격으로 나를 이끌었다.

사실 비비탄 사격 수업을 시작하면서 걱정도 있었다. '아이들에게 위험하지 않을까? 학교 관리자인 교장선생님이 하지 말라고 하지는 않을까.' 하는 생각이 들었다. 그러나 교과서에 나오는 도전 활동 영역 중 기록 도전 활동 내용이라고 하니, 조심해서 하라고 하였다. 아이들에게도 총을 가지고 오면 학교에 기부하는 것으로 생각하겠다고 했더니 사격 수업을 하는 동안 어떤 학생도 학교에 총을 가지고 오지 않았다. 사격 수업은 장마철 운동장에 나가지 못하는 경우에 또는 한여름 아이들이 운동장에 나가도 움직이기 싫어하고 선생님 눈치만 볼 때 할 수

BB탄 사격

198

있는 과제 활동으로 아이들도 행복하고 교사도 행복한 수업이다.

표현 활동을 실현한 대나무 춤

체육 시간에 아이들에게 대나무 춤을 가르치고 있다. 체육 교사인 난 무용에 거의 백지상태이다. 대학을 다니면서 창작무용에 대하여 3학점 수강을 한 것이 전부이다. 그래서 난 아이들에게 무용을 가르친다거나 춤을 가르친다는 상상을 해본 적이 없다. 교과 내용에는 민속무용과 현대무용이 필수 내용으로 들어가 있지만 감히 가르치고자 하는 의욕을 가져보지 못했다. 간혹 아이들에게 다양한 교과 내용을 가르쳐야 한다는 무언의 압력을 스스로 느끼기는 했지만 어쩔 수 없이 무용 영역은 나에게서 멀리 떨어져 있는 남의 나라 영역이었다고 볼 수 있다.

수업에서 무용을 가르치지 않는다는 것에 대해 마음 한구석에 늘

대나무 춤

미안함이 자리 잡고 있었다. 교사로서 자신의 할일을 충분히 하지 못하고 있다는 일종의 부채 의식이었다. 이러한 내가 이병준 선배가 가르치는 대나무 춤 수업을 참관하면서 '나도 수업 시간에 할 수 있겠구나.' 하는 생각을 하게 되었고, 2005년 3학년 수업에서 대나무 춤 수업을 하게 되었다. 대나무 춤은 동남아시아 사람들의 일종의 민속춤이다. 대나무를 가지고 하는 민속무용이라고 할 수 있다. 간단한 다리 동작만 익힌다면 누구나 즐길 수 있는 동작 형태로 이루어져 있다. 4박자 또는 3박자 스텝이 기본이 된다. 그리고 다양한 동작들을 엮어서 창조적으로 만들어낼 수 있다. 그래서 나처럼 몸치에 가깝고 무용에 무지한 교사도 기본 동작을 숙지하고 어떻게 창조적인 동작들을 만들어낼 것인가 하는 아이디어만 있다면 충분히 가능한 수업이다.

신나는 음악이 있는 인라인스케이트

2009년 체육 수업 특히 고등학교 3학년 학생들에게는 '어떤 수업을 하는 것이 좋을까?' 고민을 했다. 학생들도 좋아하고 운동 효과도 있는 그런 종목이 어떤 게 있을까? 한참을 고민하다 결정한 종목이 인라인스케이트이다. 특히 고3이기에 체력을 키워주는 수업 내용이어야 했고, 재미도 있어야 했다. 그리고 짧은 시간에 학생들이 재미를 느끼면서 즐길 수 있는 종목이어야 했다. 그런 이유로 선택한 인라인스케이트 수업, 남학생들에게는 자신들이 익혀온 기량을 한껏 성숙시키는 장이 되었고, 여학생들에게는 자신들이 하지 못하는 기능이 무엇인지 알게 해주어 이를 배울 수 있는 소중한 시간이 되었다.

인라인스케이트

　인라인스케이트는 체육관에서 실시했다. 마룻바닥을 손상시킬 것이
라는 우려 속에서 출발했지만, 그렇지 않았다. 나는 인라인스케이트
수업을 하기 위해 학생들과 교사들에게서 사용하지 않는 인라인스케
이트를 수집했다. 학생들의 발 크기가 다양하기에 부족한 인라인스케
이트를 확보하고, 선생님들과 학생들에게 체육 시간에 인라인스케이
트 수업을 하는 것을 홍보하는 효과를 내고자 했던 것이다. 또한 체육
수업에 대한 인식에 변화를 주고자 한 노력이었다. 음악과 함께하는
인라인스케이트 수업은 학생들이 모두 좋아했다. 그러나 학생들의 다
양한 발 크기를 고려해야 하는 어려움이 있었다. 인라인스케이트 수
업은 나에게 수업에서 할 수 있는 내용에 대한 고정관념을 넘어서게
했다.

소프트 테니스

우리 테니스 하나요? 소프트 테니스

2009년 최고의 수업으로 난 소프트 테니스 수업과 인라인 수업을 든다. 학생들에게 네트형 게임인 테니스를 가르칠 수 없을까 고민을 하다가 배드민턴 라켓과 폼볼을 이용한 소프트 테니스 수업을 실시했다. 아침마다 운동장에 테니스 코트 16개 면을 그리는 것이 힘이 들기도 했지만 경기장만 만들어놓으면 펼쳐지는 학생들의 테니스 군무가 아름다운 수업이었다. 다만 내가 생각하지 못했던 점은 여학생들은 라켓으로 공을 쳐내는 데 남학생에 비해 시간이 두 배 이상 필요하다는 것이었다. 여학생이기에 다른 대안이 필요했는데 이를 교수 방법에 적절하게 반영하지 못했다.

그리고 내가 자주 하는 수업은 "나도 한번 날아보자 높이뛰기 수업, 친구들아, 난 내 능력만큼만 달릴 거야, 이어달리기 수업, 생각보다 재미있어요, 허들 달리기, 선생님, 이거 배드민턴인가요? 패드민턴 수업, 투수 역할은 기계가 하는 야구 수업, 학급 구성원 모두가 하나 되는 엑슬라이더 수업, 탁구공이 슝! 슝! 탁구 수업" 등이 있다.

협동 이어달리기

학생들의 수업 일지,
그들의 마음을 훔쳐보다

　교사인 나의 꿈은 학생들을 수업 시간에 잘 가르치는 것이다. 잘 가르친다는 것은 학생들이 '과제에 몰입'하게 하는 것이다. 나는 학생들이 좋아하는 '체육 시간'이기에 열심히 지도만 하면 아이들이 배울 것이라고 생각했다. 그래서 내가 가르쳐야 할 학생들이 누구인가 하는 물음을 던지지 못했다. 내 수업 속 아이들이 어떤 아이들인가 하는 부분까지 생각하기에는 내가 부족했다. 가르치지 않는 체육 수업의 현실에서 '가르치는 수업'으로의 변화만으로 아이들이 모두 배울 것이라고 생각하고 열정을 가지고 헌신적으로 가르치는 일에 전념하였다.

　10여 년 넘게 아이들에게 마음을 다하여 가르쳤는데, 그 수업 속에 아이들은 없고 '가르치는 나'만 있었다는 사실을 뒤늦게 깨달았다. 교사인 나를 인정받고 찾기 위해 몰입한 결과 내 수업에서 배워야 할 주체인 '학생'을 망각했던 것이다. 내가 열과 성을 다하여 지도했는데 그들이 나의 곁에서 달아났다. 그때 난 느꼈다. 나의 수업에 '학생이 없다'라는 사실을. 그래서 학생이 없다는 사실을 깨달은 다음부터 그들을 알기 위한 노력의 일환으로 수업 일지 및 수업과 관련된 나의 이야기 쓰기, 체육 수업 그리기 등을 시도했다. 그 결과 내 곁에서 멀어져만

가던 아이들을 다시 붙잡을 수 있었다.

수업 시간, 아이들의 목소리

체육 시간은 저에게 가르침을 주는 시간입니다. 체육 시간에 배우는 다양한 종목들을 처음에는 전혀 하지도 못했다가 점점 할 수 있게 되어 자신감이 생기고 용기가 솟아요. 처음 허들 수업 때는 지옥 같았는데 점점 제 실력이 나아지면서 천국같아졌어요. 이렇듯 체육 수업은 제게 가르침을 주는 시간입니다. 정이지

절제된 공간 경험을 한다.

주어진 공간에서만 활동하고 움직이는 약간은 차단된 시간으로 넓은 운동장을 바라만 보아야 하는 시간이 체육 시간이지요. 그러나 활동이 시작되면 넓은 공간을 바라봐야 하는 안타까움을 잊고 활동에만 집중하게 돼요. 아쉬움도 수업 내용에 집중하면 잊게 돼요.

문태영

공포를 느끼는 시간이다.

체육 시간은 공포를 주는 시간이에요. 가장 무서워요. 친구들이 웃고 울고 다치기도 하는 모습을 보면서 그런 생각을 했어요. 물론 제가 운동을 잘 못해서 그렇게 느끼는 것 같아요. 때로는 수업을 하시는 선생님이 다가오는 것도 두려워요. 그래서 체육 시간이 싫어요. 그렇지만 재미있는 놀이를 할 때는 진짜 좋아요. 이기쁨

존재를 확인하는 시간이다.

체육 시간은 나의 실력을 친구들에게 보여줄 있는 유일한 시간이죠. 다른 시간에 친구들에게 특별히 자랑할 것이 없는 저이지만, 체육 시간에는 뭔가 보여줄 수 있어 환희가 있어요. 물론 실수를 할 때는 아이들의 웃음소리, 원망의 눈빛 등이 있기는 하지만…… 그래도 슬픔보다는 환희를 더욱 많이 느낄 수 있는 시간이라 저는 체육 시간이 정말 좋아요. 김태영

운동장에서 달리고 싶은 여자

체육 시간의 운동장은 제일 좋아하는 시간이에요, 전 다른 여자애들보다는 운동을 잘하는 편이라 이 시간이 저를 자신 있게 만들어 줘요. 다른 때는 남자애들이 주로 운동장에서 뛰는 것을 바라보아야만 했는데, 체육 시간에는 여자애들도 운동을 해야 하기 때문에 즐거워요. 여자애들이 그래도 체육 시간에는 열심히 참여해 친구들과 함

께 운동을 할 수 있어 마음껏 날아다닐 수 있어 신이 나요. 박수민

계절을 보고 느낄 수 있는 시간이다.
공부 시간에 앉아 있던 교실에서 나와 운동장에서 피로도 풀
고 바람도 쐴 수 있어 좋아요. 체육 시간 운동장에 있으면 계절의 변
화를 느낄 수 있어요. 만약 교실에서만 있다면 벚꽃이 피는지 새싹이
돋는지 하는 것을 볼 수 없잖아요. 그런데 체육 시간이 있어 운동장
에 나오니까 여름이 오고 가을이 오고 겨울이 오고…… 하는 자연을
볼 수 있어서 즐거운 시간이 돼요. 정다정

두려움과 긴장감이 밀려오지만 배움이 있는 시간이다.
운동장에 서면 두려움과 긴장감이 밀려와요. 오늘 수업 시간 중
에 해야 할 종목들에 대한 막연한 두려움을 딛고 다시 도전해 성공
했다는 성취감을 맛보기도 해요. 물론 제 자신의 무능력함에 대한
회의도 들고, 다른 아이들을 보며 배우고 깨달음을 얻기도 합니다. 그
래서 체육 시간의 운동장은 저 자신을 더욱 발전시키고 높일 수 있
는 곳이라고 생각해요. 김수인

고통을 느끼는 시간이다.
선생님 아시지요. 제가 체육 시간 운동장에서 얼마나 고문을 당
하는지요. 자신 없는 운동을 할 때는 끔찍한 고문의 시간이지요. 그
래도 가끔은 자신 있는 운동을 해서 맛있는 음식을 먹는 것과 같은
느낌이 들 때도 있어요. 운동을 못하기 때문에 많은 시간을 운동장
에서 고문으로 인한 고통 때문에 마음이 엄청나게 아프고 고통스러

워요. 그래서 전 체육 시간 하면 끔찍한 생각이 많이 들어요. 손상범

나를 보고 새로운 나를 보게 만드는 시간이다.

체육 시간 운동장에서 흙을 밟으면서 체육을 하면 매시간 시간마다 느끼는 것이 새로운 것 같아요. 점수에 대한 압박감 때문에 때때로 체육 시간을 없애버리고 싶을 때도 있어요. 하지만 항상 저에게 새로운 시도와 기대감을 갖게 하는 신기한 마법 상자 같은 시간입니다. 체육 시간은 나를 볼 수 있고, 새로운 나를 보게 만드는 고마운 시간이라고 생각해요. 선생님 덕분은 아닌가요. 한지수

컨디션에 따라 다양한 의미를 제공하는 시간이다.

체육 시간은 그날그날의 컨디션, 그리고 수업에서 배우는 내용에 따라 의미가 달라져요. 만약 컨디션이 매우 안 좋으면 그때의 시간은 지옥 불구덩이입니다. 움직일 때마다 괴롭고 힘들죠. 예를 들어 높이뛰기나 허들 같은 종목을 할 때의 체육 시간은 가장 싫어하는 아이가 되어버려요. 그리고 내가 좋아하는 종목의 시간이 되면 그 시간은 마치 마약처럼 빠져들어 아무리 해도 헤어 나오지 못하고 항시 운동장에서 그 생각만을 하게 해요. 운동장에서 시간은 제게 너무 많은 의미를 제공하는 것 같아요. 황슬기

체육 시간은 나에게 병과 약이다.

저는 운동을 잘 못하는 편이잖아요. 그래서 전 운동장에 잘 나가지 않아요. 그러나 체육 시간은 운동장에 필수적으로 나가야 하는 시간이지요. 운동장에서 하는 수업 내용이 너무 어려운 경우에는 솔

직히 운동장에 나가기가 싫어요. 하지만 그래도 열심히 하려고 노력하고 있어요. 사실 지금도 어려운 게 나오면 운동장에 나가는 시간이 싫어요. 당연히 좋은 것도 있지요. 그래서 체육 시간은 병과 약이라는 생각이 들어요. 왜냐하면 잘 못 뛸 때에는 걱정이라는 병을 주고 잘할 수 있는 것이면 저에게 기쁨을 주기 때문이죠. 안은지

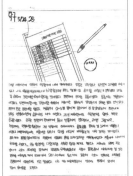
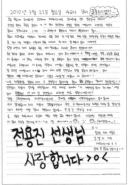

제목: 높이뛰기 제일 1등은??

150 cm

2010.05.27. 목요일

BUT!

놀이뛰기 8회차. (자외선)

2006년 5월 3일 내성적시간

제목 : 들

캔들봄 9/6.7

《IV 대나무춤ー!》

사격시험

2006. 03. 17. 금

OTL

150 M

211

3부

체육 교사,
운동장을 이야기하다

서울 용산고등학교 운동장과 하키부

학교 공간은 학생들의 생활이 이루어지는 구체적인 공간이다. 그들은 학교라는 공간에서 그들의 세상과 만난다. 학생들은 자신들의 공간에서 자신들의 언어와 행동을 통해서 서로를 확인하고 스스로의 정체성도 확립하게 되는 것이다. 즉, 학생들에게 구체적인 체험의 공간인 학교에서 삶이 이루어진다.

학교 운동장은 객관적이거나 중립적이지 않은, 학생 개개인의 신체 활동 경험에 의해서 의미가 규정되는 곳이다. 운동장은 학생들에게 경험의 다양한 가능성을 제공하기도 하고, 동시에 그들의 경험을 제한하기도 한다. 학생들은 학교에서 생활하면서 체육 활동, 체육 대회, 각종 구기 대회, 육상 대회, 마라톤 대회, 과학의 날 행사 등 운동장에서 이루어지는 각종 행사를 통해 운동장을 체험하고, 운동장이 가지는 의미를 몸과 마음으로 기억하게 된다.

운동장에는 정말 다양한 아이들이 있다. 서로 다른 가정의 전통과 문화 속에서 자라난 아이들이 있다. 축구공만 있으면 하루 종일 행복한 영호, 쉬는 시간마다 실내화를 신고 농구대에서 농구공을 던지는 상윤, 넘어야 하는 뜀틀에서 언제나 머리를 뜀틀에 박고 살며시 미소 짓는 지예, 친구들이 함께 공놀이를 하자고 제안해도 그냥 하늘만 바라보는 대호, 운동장에서 열심히 그림만 그리는 수영, 잠시 쉬는 틈도 없이 친구에게 얘기하는 지선, 50m를 6초에 달리는 동호, 높이뛰기 바를 배면뛰기 자세로 멋지게 넘는 민주, 친구들이 끼어주지 않아 주변을 맴도는 예영, 어떠한 신체 활동도 시도하기를 주저하며 배시시 웃는 순희, 축구를 하고 싶어 하는 여자아이 소담, 오래달리기를 잘하는 지복, 야구공을 잘 던지고 받는 정우, 체육 교사의 손길이 늘 있어야 하는 희원, 다른 친구들은 공이 무서워 피구 하기를 피하는데 그런 피구를 하자고 외치는 정진.

이렇듯 운동장에는 능력과 경험이 다른 아이들이 함께 생활하고 있다. 이러한 아이들이 지각하고 경험하는 장소인 운동장은 극히 개인적인 공간일 수 있다. 그러나 학교 운동장은 개인적으로 고립되어 있는

곳이 아니다. 학교 운동장은 학교라는 공간의 울타리를 함께하는 학생들의 삶의 맥락 속에 존재하는 곳이다.

학교 운동장은 학생들에게 학교생활의 내부이며, 학생들이 학교 문화 집단의 구성원으로서 그들의 세계를 구체적으로 경험하는 과정에서 그 의미가 드러나는 곳이다. 따라서 운동장은 개인의 경험과 지각 수준에서 경험하게 되는 문화적 공간의 의미를 가진다. 또한 운동장은 단순히 학생들이 경험하고 느끼기를 기다리는 수동적인 장소가 아니라, 학생들의 활동과 경험에 의해서 지속적으로 체험되고 창조되는 능동적인 곳이기도 하다.

축구

아이들의 학교 일상 속 운동장

아이들이 떠난 운동장

아이들이 없는 텅 빈 운동장

골대의 그림자만 남아 그것은 공허입니다.

아이들이 떠난 텅 빈 운동장

바람만 남아 그것은 휴식입니다.

아이들이 떠난 텅 빈 운동장

벗이 떠난 빈자리입니다.

아이들이 떠난 텅 빈 운동장

사랑만 남아 서산에 지는 노을을 바라봅니다.

하늘과 땅이 있는 운동장

그것은 삶이요 기쁨이요 벗과의 사랑입니다.

1993. 3. 12. 나의 수업 일지.

학교가 근대화됨에 따라 발전한 학교의 시간표는 학생들의 하루 전체 시간을 분절화하여 분절된 각각의 시간에 따라 학생들에게 요구하는 책무와 규율적 행동을 대응시킨 통제 기계이다.[이진경, 1997] 아이들은 학교 울타리 안에서 학교가 정해준 시간에 따라 움직인다. 공간에 있는 사람을 이해하는 데는 한 개인이 각 시간대에 '무엇을 했는지'보다 각 시간대에 '어디서 무엇을 했는지'가 더 중요하다.[이기봉, 2007] 학교 또는 학교 운동장이라는 공간에 있는 아이들을 이해하려면 주어진 시간과 공간 속에서 아이들이 무엇을 하고 있는지 보면 알 수 있다.

축구로 해가 지지 않는 땅

학생들이 본격적으로 등교하기 이전에 운동장에서 축구를 하며 아침을 시작하는 아이들이 있다. 이 아이들은 학교 운동장이 언제나 축구가 이루어지는 곳이라는 사실을 시위하듯 공을 찬다. 이들에게 '운동장은 축구를 하는 곳이다.' 축구를 하는 학생들은 언제든지 운동장에서 찾을 수 있다. '우리 모두 함께 축구를 하자'는 메시지를 학생들에게 보낸다. 운동장은 축구를 하는 곳이니 축구를 하지 않는 학생은 운동장에 나오지 말라는 의미의 메시지를 전달하는 것인지도 모른다. 아이들은 축구로 운동장에서 첫 깃발을 꽂고 있다. 운동장에 꽂힌 '축구 깃발'은 운동장 한가운데에서 해가 질 때까지 휘날린다.

운동장에서 축구는 허용된 시간이 얼마나 되는지에 따라 축구 놀이 형태가 달라진다. 이들에게 1시간 이상의

시간이 주어진다면 골문 앞에서 단순히 슈팅을 하는 '슈팅 게임'이 아니라 11 대 11로 정식 게임을 한다. 단순 놀이보다 복잡한 구조가 있는 게임 형태로 전환하게 된다. 발로 둥근 공을 차는 경기로 예술적 수준까지 오른 축구 경기를 운동장에서 펼치는 것이다. 단순 놀이에서 제공하지 못하는 복합적인 요인을 찾아 그들이 운동장에서 축구 경기를 하는 것이다. 축구 경기에서는 상대 수비수를 제치는 축구 기술이 필요하고, 상대팀을 제압하기 위한 전략도 필요하다. 무조건 달리거나 공을 차서는 '골'을 넣는 재미를 얻지 못한다. 학생들은 운동장에서 놀 수 있는 시간만 주어지면 축구 게임을 한다. 운동장에서 자유로운 시간이 허용되면 예외 없이 축구로 판을 벌이는 것이다.

> 자유 시간을 주면 다른 활동보다는 무조건 제가 항상 그렇게 해서, 예외인 적이 없었던 것 같은데요. 다 축구를 했어요. 그래서 자유 시간을 하면 꼭 축구를 하는 시간이라고 연관되기 때문에 그런 것 같아요. 김봄

축구로 해가 뜨고 지는 운동장, 그래서 운동장 밖의 학생들에게 비친 학교 운동장의 모습은 언제나 축구장이다. 이렇듯 운동장의 모습을 결정하는 축구는 그들에게 허용된 시간과 추구하는 목적에 따라 축구의 성격이 달라진다. 이는 크게 두 가지 유형으로 나눌 수 있으며, 재미 축구와 승리 축구가 그것이다.

우린 오로지 재미로 축구를 한다

운동장에서 승부에 집착하지 않고 오직 축구를 하는 것, 그 자체에

주요한 목적을 두고 이루어지는 축구가 '재미 축구'다. 시간이 짧거나 길거나 학생들에게 공을 차는 것 자체가 목적인 경우에 주로 이루어지는 형태의 축구이다. 재미 축구는 단순히 골문에 슛을 하는 슈팅 놀이, 패스 게임, 공 뺏기 게임, 원바운드 게임 등이 있다. 작은 공간을 차지하는 게임에서 운동장 전체를 사용하는 경기까지 다양하게 진행된다.

운동장에서 이루어지는 축구 게임은 그 목적이 어디에 있느냐에 따라서 학생들이 축구에 임하는 마음가짐과 형식이 달라진다. 정식 학급 대항이 아닌 비공식적 학급 대항이나 놀이 성격으로 이루어지는 재미 축구는 여러 측면에서 자유롭다. 오직 운동장에서 축구를 하는 것 자체가 목적이기 때문에 나타나는 현상이다. 이들은 다만 운동장에서 축구를 즐기기 위한 게임을 한다. 경기를 하는 양 팀의 선수들은 팀을 나누어 서투른 발로 공을 찬다는 사실에만 합의를 하고, 그 나머지 문제는 게임을 하는 과정에서 서로 합의를 하는 수준에서 자유롭게 수시로 게임의 규칙을 만들어간다.

> 애들끼리 축구를 하려고 모이면 모두 그래요. 드로인 없는 걸로 하자. 그리고 골인이 되는 경우도 하프 라인에서 시작하지 않고 골킥으로 하자고 해요. 서로 합의를 하는 거죠. 그렇게 얘기하면 모두가 그러자고 해요. 한여름

재미 축구에서 승패는 그들에게 큰 의미가 없다. 즉, 재미 축구에서 승자냐 패자냐 하는 문제는 특별한 의미를 가지지 않는다. 또한 그들의 축구 경기를 바라보며 승리를 기원하고 목이 터져라 응원해주는 학급 친구들도 없다. 관중이 없는 경기에서 경기를 하는 친구들이 곧 선

축구공은 흐른다

수이고 관중이다. 그들은 자신들이 만들어내는 멋진 동작과 슛에 그들끼리 박수갈채를 보내고 환호하며 서로 기뻐한다. 축구 놀이를 하는 아이들은 그 게임에 무아 상태로 몰두하고 그것이 단지 축구 게임에 지나지 않는다는 생각은 잠시 사라진다. 재미 축구의 즐거움은 묘한 긴장을 낳을 뿐 아니라 '개인은 팀을 위해 팀은 개인을 위해'라는 정신의 고양을 가져온다. 재미 축구는 아이들을 황홀감 속에서 움직이게 한다.

아이들 사이에서 인기 있는 재미 축구 놀이는 그 아이들의 도덕적, 지적 성격들 중의 몇몇을 규정하는 데 도움이 되고 그 성격 묘사의 올바름의 증거가 될 수 있는 동시에 놀이에 빠진 아이들에게 그 성격들을 강화시킴으로써 묘사된 성격을 더욱 사실인 것으로 만드는 데 한몫 거들게 된다.로제 카이, 1963

승리만이 우리의 목표다
로렌즈Lorenz[1963]는 인간에게 내재되어 있는 본능으로서의 공격성을 건전하게 발휘할 수 있는 방법으로 스포츠를 제시하고 있지만 운동 세계에서는 경쟁보다 협력이 더욱 필수적이며 선행된다는 것을 부인할 수 없다고 했다. 그러나 운동장에서는 때론 경쟁이 부각된다. 운동장에 존재하는 다른 사람들에게 기억되기 위해 그리고 인정받기 위해 승리해야 한다.

친구들이 바라보는 공식 축구 경기에서 승리하지 못하면 경기가 이루어지는 운동장에서 더 이상 존재할 이유가 없어진다. 패자가 되는 순간 더 이상 경기는 이루어지지 않는다. 적자생존의 정글 법칙이 축구 경기가 이루어지는 운동장에 있다.

생각보다는 감각이 지배하는 곳이라 저에게 딱이지요. 공부도 잘하지 못하기에 운동장에서 계속 축구가 이루어져야 해요. 그래야 내가 학교에 오는 목적이 달성됩니다. 축구를 하는 게 정말 중요해요. 그래서 구기 대회 예선전에서 온몸을 던져 축구를 해요. 지면 끝장이라.

한여름

승부차기

축구 경기 방식은 대회 기간이 짧은 관계로 토너먼트 방식이다. 승자는 다음 경기에 올라가지만 패자는 그 경기로 끝이다. 경기 방식이 적자생존의 방식이다. 승리가 목적인 승리 축구 경기는 그야말로 결과 중심이라는 문제를 낳을 수 있다. 승리라는 결과 중심으로 인해 학생들은 축구 경기 경험으로부터 스스로 소외된다. 어떻게 경기를 하였는가보다는 어떤 결과가 나왔느냐 하는 문제에만 주목을 한다. '승리 축구'는 토너먼트 방식으로 행해진다. 오늘 경기를 이기면 내일 다시 운동장에서 경기가 이루어진다. 그러나 오늘 경기에서 패한다면 다시는 친구들의 관심을 받으며 축구 경기를 할 수 없다. 승자만이 살아남는 방식이다. 그래서 학급의 명예가 걸린 대회의 축구 경기에서 학생들은 승리하는 데에 최고의 가치를 둔다. 그러므로 엄격한 규칙을 적용하고, 능력 없는 친구들에게 관심을 갖지 않는다.

승리가 중요한 공식적인 축구 경기는 프로 축구에서와 같이 경기가 갖추어야 할 외형적 모습이 모두 존재하게 된다. 경기장이 그려지고, 팀을 구분하여 자신들의 팀 유니폼을 입는다. 이제 상대 선수는 나와 함께 축구 게임을 더불어 즐기는 친구가 아니다. 상대 선수는 이기고 올라서야 하는 경쟁 팀의 선수이다.

정말 기분이 좋아요. 친구들 모두가 축구하는 저를 바라보고 있는 것 같아, 넘어져도 하나도 아프지 않고 기운이 넘쳐나요. 공을 잡으면 잘해야겠다는 욕심도 많이 생기고. 평소 친구들과 축구를 할 때와는 정말 달라요. 축구를 하면서 저의 존재가 드러나는 것 같아요. 오늘 이겨야 내일 또 친구들에게 나의 모습을 보일 수 있기에 최선을 다하죠. 한여름 오늘 모두의 관심이 집중된 경기, 이겨야 한다는 경쟁심이 가득한 경기가 '승리 축구'이다. 재미로 축구를 할 수는 없다. 경기에서 승리해야 한다. '승리'해야만 하기에 결과에 대한 긴장과 불확실성으로 인해 아이들은 힘들어한다. 그러나 아이들은 혼신의 힘을 다해 승리하고자 한다. 아이들에게 승리는 다른 친구들보다 자신들이 우수함을 과시하는 것이다. 아이들은 이 승리를 통해 다른 친구들로부터 존경과 명예를 얻게 된다. 승리는 축구를 좋아하여 운동장에서 매일 공과 씨름한 '축구짱'이 운동장에서 우뚝 설 수 있는 명예를 부여한다.

축구를 잘하는 친구가 짱

축구를 하는 운동장, 그곳에는 축구 경기를 바라보는 친구들이 있다. 경기자와 관중 모두가 있다. 그래서 축구를 하는 친구들은 보다 재

미있게 그리고 열정적으로 축구를 할 수 있다. 그리고 운동장에 있는 친구들의 시선 속에서 승리를 하는 경우 남들보다 뛰어나다는 평가를 통해 모두가 인정하는 '축구짱'으로 탄생하게 된다.

'축구짱'은 1등이 되었기에 친구들로부터 존경과 명예를 받는다. 그리고 그 존경과 명예로 운동장을 지배한다. 축구 게임에서 자신이 이룩한 업적으로 지위를 획득하게 된 것이다. 물론 아이들이 축구를 통해 경쟁하는 '본능'은 다른 친구들을 지배하고자 하는 권력 욕망이나 지배 의지가 아니다. 아이들은 남들보다 뛰어나고 싶은 욕망, 승리하여 명예를 얻고자 하는 것이다. 따라서 운동장에서 축구 실력을 인정받은 축구짱은 친구들로부터 명예를 부여받은 것이다. 그래서 운동장에서 이루어지는 각종 경기 대회에 참가하는 학급 대표 선수를 선발하는 권력을 위임받는다. 그리고 이들의 결정은 바꿀 수 없다. 축구를 잘한다는 '운동 능력'이 운동장 공간에서 한 개인에게 권위를 만들어준다. 그리고 그 권위는 운동장에서 자신의 감정 표출에 자유롭고 활동에 제한적이지 않을 수 있는 힘을 갖는다. 그러나 운동 능력을 인정받지 못한 아이들은 운동장에서 활동이 제한적일 뿐만 아니라 자신의 감정적 경험을 밖으로 표현하는 데에도 억압적 경험을 하게 된다.

그래서 운동장에서 뛰고 달리는 아이들은 자신의 탁월함에 대해 칭찬받고 인정받으려는 욕망을 끊임없이 가진다. 친구들에게 인정을 받으려면 인정받을 만한 어떤 구체적인 사실이 있어야 한다. 경쟁은 나의 뛰어남을 드러낼 수 있는 좋은 기회이다. 경기에 참여하는 사람도 경기를 관전하는 사람도 '승리 축구'에 열광하는 이유이다.

일탈과 규율이 공존하는 땅

운동장은 학교 안의 공간이기에 학교의 교칙이 강제되는 곳이다. 그러나 학교를 다니는 10대들은 학교가 강요하는 규범에 쉽게 길들여지지 않는다. 그러므로 학교는 교칙을 강제하기 위해 노력한다. 그 때문에 열린 공간인 운동장에서 3월 학기 초에 학교 규율을 지키게 하려는 노력을 자주 볼 수 있다. 학교는 이 공간에서 아이들에게 시범적으로 규율을 강제하는 모습을 보이고자 한다.

능력과 처지가 다른 아이들을 한 공간에서 같은 방법과 내용으로 가르치려 하기에 선생님들은 아이들을 통제할 수밖에 없다. 그리고 그 통제를 보다 효율적으로 진행하기 위해 운동장이라는 공간이 사용되는 것이다. 모두가 볼 수 있는 공간에서 규율이 적용되지 못한다면 눈에 보이지 않는 학교 구석구석에서 규율의 적용이 어렵다는 것을 누구보다도 잘 알고 있기 때문에 일어나는 현상이다. 그래서 운동장에서 학교가 학생들에게 규칙을 적용하려는 모습과 이를 회피하려는 학생들 사이에 밀고 당기는 소란이 일어난다.

귀차니즘

중간고사가 끝나는 날이다. 3교시 시험이 끝나자 아이들이 건물 안에서 떠들면서 나온다. 이들은 중앙 현관에서 슬리퍼를 꺼내 운동화로 갈아 신는다. 여학생이나 남학생 모두 신발을 갈아 신고 운동장가 스탠드에 잠시 머무는 듯하더니 10여 분이 지나자 썰물 빠지듯 아이들이 사라진다. 운동장에는 30여 명의 아이들이 보인다.

왼쪽 골대에서 축구공을 차는 아이 중에는 슬리퍼를 신고 차는 아이가 있다. 공을 찰 때는 오른쪽에 신고 있던 슬리퍼를 옆에 벗어놓고 맨발로 공을 찬다.

2006. 5. 2. 방과 후 3시 10분~4시 10분 관찰 일지.

운동장에 있는 아이들은 자신들이 '좋아'하는 축구나 농구를 하면서도 왜 신발을 갈아 신지 않고 실내화나 슬리퍼를 신고서 하느냐고 묻는다면 한결같이 "귀찮아요." 하고 대답한다. 귀찮게 한다면 기꺼이 자신들이 좋아하는 축구나 농구와 같은 놀이를 하지 않을 수 있다고 한다. 운동장에서 축구나 농구를 하지 못해도 좋다. 운동장에 있는 일부 학생들은 교칙인 운동장에서 신발 신기를 귀찮은 일로 생각한다. 왜 자신들을 그 정도 일로 귀찮게 만드느냐고 아우성친다. 그래서 그들은 학교 교칙을 지키는 귀찮은 일을 하기보다는 차라리 잠시 그들이 좋아하는 축구나 다른 스포츠 활동을 보류하는 편을 택한다. 아이들은 자신이 좋아하는 활동을 하지 않음으로써 규율로부터 일탈을 시도한다. 아주 사소한 일탈의 소망이 있는 곳, 운동장은 바로 그런 곳이다.

교칙으로 인해 학생들은 그들의 공간에서 자유롭게 놀이를 할 시간을 빼앗긴다. 학교 규칙을 적용하려는 학교 관리자에 의해서 점심시간, 자유 시간을 빼앗긴다. 축구를 해야 할 시간에 축구를 하지 못하고 스탠드에 앉아서 학교 관리자나 학생부 지도 교사가 운동장에서 사라지기를 기다린다. 실내화를 착용하고 있는 아이들에게 앉아 있으라고 하는 관리자나 교사의 명령은 아이들의 일상의 운동장 질서를 파괴하는 일이다. 그러나 그러한 모습마저도 운동장 질서의 한 모습이다. 그들은 자신들이 하고 싶어 하는 축구를 하지 않음으로써 학교 관리자에게 무언의 조소를 보낸다.

학교가 학생들에게 강제적으로 교칙을 적용하려고 노력하면 할수록 아이들은 교칙이니까 지켜야 한다는 의식을 갖기보다는 자신들을 또 귀찮게 만든다고 거부감을 느낀다. 그러므로 학생으로서 반드시 지켜야 할 도덕적 규범조차도 귀찮은 일이 되어버리는 현상이 운동장이라는 곳에서 발생한다.

아이들을 길들이기 위한 벌

교사들은 운동장에서 교칙과 관련하여 학생들에게 다양한 형태로 벌주기를 시도한다. 교사의 벌주기는 벌을 받아야 하는 학생들의 신체적 특성을 고려하지 않는다. 아이들이 규칙을 어겼다는 사실만 강조된다. 규칙을 지키지 않은 학생들도 서로 신체적 특성이 다르다. 몸무게가 많이 나가는 학생도 있고, 그렇지 않은 학생도 있다. 달리기를 잘하는 학생이 있는가 하면 34명 중에서 늘 꼴찌를 맡아놓고 하는 학생도 있다. 규칙을 어긴 사실은 동일하지만 학생들의 신체적 능력은 다른 것이다.

만약 운동장에서 학생들에게 벌을 준다면 학생 모두에게 공평하게 주어져야 한다. 잘못된 행위에 대해 균등하게 그 책임을 지워야 하는 것이다. 특히 단체 기합이라고 하는 것은 공동의 잘못으로 공동의 책임을 지우기 위해 내리는 벌이다. 그러므로 모두에게 공평함으로 다가

갈 수 있어야 벌의 의미가 살아난다. 벌을 받는 학생들이 불공평하다고 생각한다면 이는 벌로서 의미가 상실된다.

　　단체 기합 중에서 제일 싫은 게 뭐냐 하면요. 선착순이라고 하는 건데요. 정말 짜증 나요. 이거는 달리기 능력을 평가하는 시험도 아니고, 순전히 달리기 능력에 의해서 벌을 받는 게 결정되잖아요. 모두 뭘 잘못했는지 잘은 모르지만 단체로 잘못을 했다면 모두에게 공평하게 벌을 주어야지. 1등 하는 아이는 한 번만 뛰어도 되고, 달리기를 잘 못하는 사람은 계속 뛰어야 하는데…… 선생님이 이제 그만, 하지 않는다면 벌이 끝날 때까지 계속되는 거잖아요.　김가을

체육 교사들이 학생들에게 벌을 주는 까닭은 잘못된 행동을 수정하거나 옳지 않은 행동을 하지 못하도록 미연에 예방하기 위한 것이다. 교사들은 학생들이 잘못된 행동을 하기에 그리고 그와 같은 잘못된 행동이 다른 친구들에게 좋지 않은 영향을 미칠 것인지 알기에 벌을 통해서 행동을 통제하려는 시도를 하게 된다고 한다. 비도덕적이거나 타인에게 해를 끼치는 여러 가지 다른 행동들을 규제하기 위한 것이다. 이는 규칙을 위반하는 학생의 행동에 어떤 대가를 지불하게 할 것인가에 맞추어져 있다. 이런 사실은 매우 기본적이라 간과되기 일쑤이다. 어떤 교사들은 학생들에게 벌을 주는 것이 결과적으로 학생에게 도움이 될 것이라는 믿음으로 행하기도 한다. 그러나 학생들이 규칙을 지키는 까닭은 만약 교사가 지적한 대로 행동하지 않으면 벌점을 받는 등 불이익을 당하기 때문이라고 한다. 또한 일부 교사들은 벌주기를 통해 학생들을 다른 친구를 배려하는 도덕적인 인간으로 성장시킬 수 있다

는 믿음을 가지고 하는 교육적 행위라고 생각하기도 하다. 그러나 벌은 학생들에게 있어 어떤 점도 향상시키지 못한다. 사실 벌은 자기 이익에 몰두하도록 조장함으로써 훌륭한 가치를 훼손하는 경향이 있다. 이러한 사실에도 불구하고 체육 교사들은 개방된 공간에서 수업을 진행하면서 학생들에게 체육복 미착용, 수업 지각, 장난, 무질서 등의 이유로 벌을 주고 있다. 수업

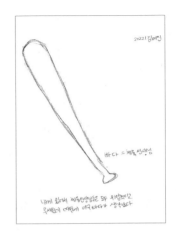

에서 체육 교사가 학생들에게 벌을 주는 이유는 다음과 같다.

첫째, 벌은 교사의 학생 장악력을 높여준다. 교수학습의 과정에서 발생하는 문제를 학생들과 함께 풀어나가는 방법은 많은 시간과 사고를 요한다. 그런데 단위 수업을 진행하는 교사는 당장 눈앞의 무질서 상황을 해결해야 하기에 손쉬운 방법을 택하게 되는 것이다.

둘째, 벌은 일시적인 순응을 얻는 데 매우 효과적이다. 단위 수업을 진행해야 하는 교사의 입장에서 가장 손쉬우면서 효과적인 방법으로 학생들을 통제할 수 있기를 선호하게 된다. 수업을 해야 한다는 이유가 교사로 하여금 단기적인 처방을 선택하게 강요한다.

셋째, 몸과 마음의 습관이다. 대부분의 체육 교사들은 운동선수 경험이 있다. 이는 폭력과 벌에 노출되어 있었음을 의미한다. 또한 다른 일반적인 체육 교사들도 성장의 과정에서 다양한 형태의 벌에 노출되어 성장하였다. 따라서 교수학습의 과정에서 학생들이 일탈 행동을 했을 때 폭력이 아닌 다른 방법으로 어떻게 지도해야 하는지 몰라 습관

처럼 행한다는 것이다.

넷째, 벌은 교사에게 학생 통제의 힘을 느끼게 해준다. 수업에서 학생이 교사에게 도전적인 행동과 위협적인 행동을 하게 되면 교사는 일탈 행동을 하는 학생보다 우월적 지위에 있다고 확신한다. 이러한 교사의 확신은 학습에서 일탈 행동을 하는 학생을 통제하기 위해 힘을 사용하게 한다. 교사가 학생에게 내리는 벌은 학생에게 "수업에서 교사인 내가 너를 통제할 수 있다"라는 메시지를 보내는 행위이다.

다섯째, 벌은 다양한 사람들에 의해 기대가 되어진다. 학교 관리자, 동료 교사들과 학부모들은 '잘못한 학생들을 어떻게 할 것입니까?'라는 시선과 관심을 보낸다. 그들은 교사가 일탈 행동에 대해 특별한 제재 행위를 할 것으로 기대한다.

여섯째, 반복적으로 잘못을 되풀이하는 일이 생기거나 같은 행동이 확산될 것을 두려워한다. 체육 교사가 단위 시간에 학생들의 학업 성취를 이루기 위해서는 효율적으로 수업이 운영되어야 한다. 교수학습의 효율성을 이루어내려면 학습자들을 효과적으로 관리할 수 있어야 한다. 교사가 학생들이 수업에서 보이는 일탈 행동에 대해 민감하게 반응하는 이유 중의 하나가 학생이 같은 잘못을 반복하여 학습을 방해하거나 다른 학생들에게까지 일탈 행동이 확산되지 않을까 하는 두려움이 있기 때문이다.

이러한 이유들로 체육 교사들은 체육 수업이라는 시간과 공간 속에서 학

생들에게 벌을 준다. 그러나 이것이 수업 시간에 이루어지는 벌의 필요성을 설명하는 것은 아니다. 체육 교사는 다른 교과의 교사에 비해 벌을 주고자 하는 유혹에 쉽게 빠질 수 있다. 이는 체육 수업의 시간적·공간적 특성과 밀접한 관련이 있다. 따라서 나는 '교수학습의 과정에서 발생할 수 있는 학생의 다양한 일탈 행동에 대해 어떻게 대처할 것인가?'라는 문제 해결의 방법에 대해 다양한 각도에서 접근하여 답을 모색해야만 한다고 생각한다.

벌주기를 통한 일시적인 순응은 학생을 화나게 하는 대가로 얻어진다. 그러나 장기적으로 운동장에서 규율의 문제를 더욱 악화시키게 되고, 결국 벌을 주는 교사와 벌을 받는 학생과의 관계를 악화시킬 뿐이다. 그리고 운동장에서 어떤 이유로든 벌을 받은 학생들은 '나의 행위가 다른 친구에게 미치는 영향이 어떠한가, 어떻게 행동하는 것이 옳은가?' 하는 문제에 관심을 갖는 것이 아니다. 벌을 받은 학생들은 오로지 벌을 기피하고 회피하는 일에만 관심을 갖는다. 이러한 이유로 벌을 받을 수 있는 운동장으로부터 자신을 멀리하려고 한다. 따라서 운동장에서 학생들에게 행해지는 체벌은 학생들을 통제하려는 목적을 넘어서 그들이 자유롭게 뛰어놀고 즐거움을 가질 수 있는 운동장에 대한 접근을 방해하는 장벽이 된다.

아이들을 전체 질서 속에 가두다

운동장 조회, 과학의 날 행사, 체육 대회, 체육 수업 등 운동장에서 이루어지는 활동에서는 학생들을 일정한 형태로 집합한다. 1열 종대, 2열 종대, 4열 종대, 4열 횡대로 집합한다. 행사가 이루어지는 운동장에서는 학생 한 명 한 명이 드러나지 않는다. 개인은 전체 속에 묻혀버린다. 학생들은 자신의 적극적 의지와 선택으로 운동장에 나오는 것이 아니다. 학생들이 행사 참여를 위해 나오는 운동장은 철저하게 학교에 의해 일방적으로 강요되는 것이다. 아이들은 학교의 계획에 따라서 비주체적으로 참여한다.

조회 시간 운동장은 전체 학생이 모이는 시간이잖아요. 상을 받는 사람만 한두 명 구령대 앞으로 불려 나갈 뿐 대부분의 학생은 장난을 하면서 서 있게 돼요. 모두가 교복을 입어서 잘 구분도 안 가고. 근데 그 시간은 정말 지루해요. 의미도 없는 것 같고. 이가을

모두 똑같은 교복이고 머리 모양도 비슷하다. 학생들이 열을 맞추어 정렬하고 있으면 그들이 누구인지 구분하기가 어렵다. 그래서 아이들은 서로 누가 누구인지 구분되지 않는 운동장이라는 행사장에 집합하여 일렬로 서는 것을 사람들 속에 묻히게 된다고 표현한다. 학생들은 무리 속에서 자신을 감출 수 있기 때문에 학교에서 강요하는 통제를 벗어나 발장난을 하거나 옆에 있는 친구와 수다를 떨며 끊임없이 벗어나기를 시도한다.

한편 체육 시간 줄 서기는 또 다른 의미를 가지고 있다. 체육 시간 줄 서기는 친구들 앞에 자신의 모습을 보이기 위해 차례를 기다리는 줄 서기이다. 자신을 온전히 드러낼 수 있는 시간을 위한 줄 서기다. 무질서하게 서 있게 되면 친구들의 시선이 집중되는 일이 적을 수 있다. 그런데 체육 교사들은 학생들에게 차례를 위한 순서 지키기와 일사불란하게 과제를 수행하기를 원하기에 줄 서기를 강요한다.

체육 시간에 내가 운동을 하고 있을 때 하는 사람을 바라보는 허들 달리기, 소프트볼, 높이뛰기 같은 것을 할 때 긴장되고 부담스러워요. 1번부터 순서대로 줄 서서 기다리고 있다가 차례가 오면 그때 해요. 김봄

이렇듯 운동장에서 행해지는 줄 서기의 강조로 나타나는 공간에서의 규칙은 아이들에게 특정한 공간과 시간에 무엇이 '통용되는지'를 알려주는 것이다. 따라서 운동장에서 아이들이 어떤 태도와 모습으로 살아가기를 희망하는가에 맞게 규칙이 만들어지고 이를 강제하는 것이다. 아이들은 그들이 살아가는 통제적이고 자유롭지 못한 운동장에서 자신의 정체성을 획득

한다. 아이들이 살아가는 공간이기에 그들이 살아가기 좋게 만들어야 한다. 그러나 이곳, 운동장은 아이들이 신체 활동을 하면서 내뿜는 분위기로 머무를 만한 곳이 되는 것이 아니라 때론 '통제'라는 교사들의 분위기가 지배하는 곳이 되기도 한다.

스포츠 배움의 땅

스포츠 배움의 장이다. 운동장은 학생들이 무엇을 하느냐에 따라서

축구 경기장, 핸드볼 경기장, 장애물 달리기를 위한 육상 경기장, 배구 경기장, 배드민턴 경기장, 체조 경기장이 된다. 학생들은 운동장에서 다양한 스포츠를 배운다. 그들이 일상생활에서는 좀처럼 하기 어려운 스포츠를 직접 몸으로 배우는 공간이 바로 운동장이다. 운동장에서 이루어지는 체육 수업에서 아이들은 학급 구성원 모두가 함께 운동장에 참여하여 더불어 배운다.

여학생들이 하얀 선을 사이에 두고 마주 서서 공을 던지고 받고 있다. 모두가 글러브를 손에 착용하고 있다. 선생님은 맨 오른쪽 여자 아이에게 공을 던지고 받고 있다. "아니, 체중을 뒷발에서 앞발로 옮기면서 공을 던져야 해. 가능한 팔의 궤적을 이렇게 크게 하면서 나를 보란 말이야, 아라야." 하시며 공을 8개 정도 주고받는다. 그리고 또 옆의 학생에게 옮겨 지도하신다. "야, 승희는 선수처럼 잘 받는데, 언제 연습했어. 좋아." 하며 격려를 하신다. 칭찬을 들은 승희는 얼굴에 미소를 머금고 선생님과 공을 주고받는다. 서로 마주 보고 선 아이들은 하얀 야구공을 친구를 보면서 던지고 받고 있다. 선생님은 큰 소리로 "애들아, 자 지금부터는 땅볼을 잡는 연습을 해보도록, 시작." 하고 소리를 치신다. 2006. 5. 9. 3교시 체육 시간 관찰 일지.

운동장에서 학생들은 체육 교사의 지도를 받으며 스포츠를 배운다. 학생들은 체육 시간에 신체적 능력의 차이에 상관없이 모두 운동에 참여한다. 운동장은 체육 시간이 아닌 시간에는 누구에게나 신체 활동을 할 수 있는 공평한 기회가 주어지지 않는 곳이다. 체육 시간이 아닌 시간에 참여하여 운동을 하려면 운동 능력이 뛰어나야 한다. 그래

야 친구들과 함께 참여할 수 있다. 아
이들의 신체적 운동 능력이 기회를 부
여하는 것이다. 아이들 개개인에게 스
포츠를 배울 수 있는 균등한 기회가
되는 시간이 체육 시간이며, 이때 운
동장은 스포츠 배움터가 되는 것이다.
체육 시간 운동장은 34명 모두에게 평
등하다. 이 시간 학생들은 45분 수업
시간 동안 준비운동을 하고, 과제를
설명하는 시간을 제외하고 교사의 지

시에 따라 과제를 반복해서 연습한다. 학생들에게 주어진 학습 과제만
연습하도록 허용된다.

　학생들은 다양한 스포츠를 배우고, 그 배운 내용들에 대해 평가를
받는다. 체육 시간에 이루어지는 평가는 교실에서 이루어지는 평가와
는 차이점이 있다. 체육 시간 평가는 한 명 한 명이 자신의 순서대로
교사의 호명에 의해 정해진 공간에서 다른 친구들과 교사가 지켜보는
가운데 공개적으로 실시하게 된다. 개인별 평가는 평가 즉시 그 결과
가 모두에게 공개된다. 이 평가는 단지 점수를 받는 것에 한정된 일회
적 평가가 아니다. 학급 친구들에게 '운동을 잘하는 아이' 또는 '운동
을 못하는 아이'라는 공개적 인정이 이루어지는 순간이기도 하다. 이
공개적인 평가에서 다른 친구들보다 '뛰어나다, 탁월하다'는 평가를 받
은 학생들이 있다. 이 학생들은 친구들과 교사로부터 받은 '공식적 인
정'으로 스포츠가 행해지는 운동장에서 다른 친구들의 참여를 결정하
는 힘을 자연스럽게 획득하게 된다.

나를 인정받기 위한 기나긴 싸움

배움터가 되는 운동장에서 신체적인 능력이 좋은 사람과 그 능력이 떨어지는 사람도 주어진 시간에 선수가 되어 뛰어볼 수 있는 기회를 보장받는다. 참여의 기회는 신체적 유·무능으로 인해 박탈당하지 않는다. 수업에 참여하는 한 선수가 될 수 있는 기회가 모두에게 균등하게 주어지는 것이다. 남녀의 구분이나 운동 능력에 상관없이 학급 구성원이면 누구나 선수로서 참여할 기회가 균등하게 주어지는 시간이며 공간이다. 다만 이 시·공간에서는 자신의 신체 활동 참여 의지가 중요하다. 왜냐하면 30여 명을 체육 교사 혼자 지도하여 참여를 기피하는 학생이 스스로 신체 활동의 기회를 포기하고 다른 친구들의 활동 뒤에 학생이 숨어버리면 찾아내기가 쉽지 않기 때문이다.

> 다른 반하고 경기 같은 거 하면 못하는 애들은 빼버려요. 경기에서 이겨야 하니까. 그러니까 운동을 잘하지 못하는 사람은 선수가 되어 뛰어볼 기회가 없어요. 하지만 체육 시간에 하는 경기에서는 선생님이 모두 참여하게 하시잖아요. 이때 선수가 될 기회가 생겨서 좋아요. 한여름

모두에게 참여의 기회가 제공되는 체육 시간에 경기를 하는 사람 이외의 학생들은 관중이 된다. 경기에 대기하는 선수이면서 동시에 경기를 바라보는 관중이 된다. 이들은 경기자로 달리는 친구들에게 박수를 보낸다. 따라서 이 시간에는 관중과 선수가 운동 능력에 따라 구분되지 않는다. 누구에게나 선수나 관중이 되는 일이 자연스럽다. 신체 활동 참여 여부가 신체적 능력에 따라 좌우되지 않는 것이다. 자연스럽

여학생 관중

게 부여되는 역할에 따라 선수도 되고, 관중도 되는 것이다.

　　순서를 기다려야 하잖아요. 한 번에 모든 사람이 다할 수 없으니
까. 자기 순서를 앉아서 기다리고 또 기다리면서 친구들이 하는 것을
바라보게 되잖아요. 왜냐하면 내가 금방 해야 하는데 실수하지 않고
잘하기 위해 앞 사람이 어떻게 하는가를 살필 필요가 있죠.　한겨울

　학생들이 의무적으로 참여하여 스포츠를 배우는 체육 시간은 자신
의 역할에 대한 선택의 기회가 없다. 신체 활동에 참여할 순서를 기다
리면서 다른 친구들의 모습을 바라볼 때는 관중이 되고, 자신의 차례
가 되어 연습에 임할 때는 선수가 된다. 그리고 선수가 되어 신체 활동
을 드러내는 순간에 친구들과 교사로부터 운동 능력에 대한 공개적 평
가를 받는다. 그리고 그 평가를 통해 신체 활동 능력에 대한 인정받기
가 시작되는 것이다. 본인의 의사와는 상관없이 타인에 의해 이루어진

다. 체육 시간에는 개인의 신체적 능력과는 관련 없이 교사 개인의 성향과 교과 과정에 따라 허들 달리기, 소프트볼, 패드민턴, 농구, 축구, 오래달리기, 사격, 뜀틀 등의 내용이 펼쳐진다.

객체와 차별의 땅

운동장의 한쪽 구석에 그네, 시소, 정글인, 늑목, 구름다리가 있는 초등학교의 운동장은 아이들에게 놀이터이다. 그래서 초등학교의 아이들은 남녀가 함께 어울려 그네를 타기도 하고 정글인에서 술래잡기, 기차놀이, 고무줄놀이 등을 하면서 남녀 구분 없이 함께 놀이를 한다. 아이들에게 경쟁적인 스포츠 활동보다는 놀이가 중심이다. 운동장은 남녀 모두가 참여하여 함께 놀이를 하는 놀이터이다. 자신들이 좋아하는 놀이를 하는 공간이다.

경쟁터, 승자만이 기억되는 시스템

학생들의 학습 공간이자 놀이 공간인 운동장에서도 "보다 빠르게, 보다 높이, 보다 강하게"라고 주장하는 스포츠 이데올로기가 점차 지배적인 모습으로 영역을 확장하고 있다. 그래서 친구보다 빠르지 못하고, 높이 솟아오르지 못하고, 보다 강하지 못하면 운동장에서 그 모습을 보이는 일이 어색하고 부끄럽게 되었다. 운동장은 체육 시간뿐만 아니라 학생들이 활동하는 시간에 신체적 능력을 경쟁적으로 겨루는 곳이다.

운동장이라는 공간에서 학생들에게 신체 활동 기회와 가능성이 제한적이었을 때는 비교적 조화를 이루기가 쉬웠다. 학생들의 욕구는 단순하며 선택도 분명했다. 학생들 사이에 활동을 무엇으로 할 것인가 하는 갈등의 여지가 거의 없었으며 절충할 필요도 없었다. 이것이 운동장이라는 곳의 단순한 질서 체계였다. 말하자면 기회와 선택의 다양성이 존재하지 않았던 운동장 공간의 질서였던 것이다. 그러나 운동장에서 스포츠가 중심에 서게 됨에 따라 더 이상 땅따먹기, 술래잡기, 고무줄놀이, 말타기, 와리가리 등의 놀이가 사라졌다.

체육 시간에 하는 것은 남학생은 축구고, 여자는 발야구, 피구, 고무줄놀이, 땅따먹기. 뭐 그런 것이 전부였어요. 배우기보다 친구들끼리 노는 게 다였죠. 때로는 여자애들과 같이하는 일도 많았어요. 선생님이 축구를 여자애들과 함께 시키기도 했어요. 뭐 애들 중에는 남자애보다 잘하는 애도 있었던 것 같아요. 김가을

단순하고 순진함에 기초한 운동장 놀이 질서는 이미 아이들의 손을 떠나 스포츠의 세계로 들어갔다. 그래서 초등학교 시절의 다양하고 단순한 놀이들이 존재했던 운동장이 이제는 경쟁적 스포츠 활동만이 이루어지는 운동장의 모습으로 변화를 맞게 되었고, 일부의 학생들만을 위한 소수의 공간으로 변화하게 되었다. 몸이 작고 행동반경도 크지 않을 때 아이들은 그들의 공간을 나누어 사용했다. 그러나 그들의 몸이 커지고, 그들의 놀이가 스포츠가 되면서 그들의 공간을 두고서도 경쟁관계가 생겼다. 한 그룹의 아이들이 운동장을 차지하려면 다른 친구들에게 그 공간을 빼앗아야 한다. 공간을 차지하려는 싸움이 벌어지면 다른 친구들을 희생시켜야만 운동장을 차지할 수 있다. 아이들에게

그 싸움의 형태는 공간의 특성을 반영한 '운동 능력'을 겨루는 것으로 나타났고, 그 결과 운동 능력이 좋은 아이들이 운동장을 차지하게 되었다.

경쟁터가 되어버린 이곳에서 남자아이들은 오직 승리만을 추구한다. 이들의 친구 관계에서 중요한 것이 호감이 아니라 탁월함에 대한 부러움이라고 생각하며 또한 내가 구성원의 일원이 되는 것이 아니라 '특별한 사람'이 되는 것을 중요하다고 생각한다. 반면에 여자아이들은 다른 모습을 보인다. 그들은 처음에 경쟁이 어색하여 거부하는 태도를 보인다. 다음 단계에서는 친구 관계가 망가지지 않는 선에서 '미안함'을 가지고 경쟁한다. 게임 참여는 선택의 여지가 '어쩔 수 없이' 한 것이며, 게임의 과정에서도 나의 공격적 행동으로 득점하지 않으려 한다. 친구의 실수가 이기게 되는 중요 요인이다. 그리고 경쟁 게임에 반복적으로 참여하고 기량이 향상되면서 점차 의식과 감정에 변화가 일어나 '친구와 경쟁하면서 관계를 손상시키지 않을까'라는 갈등과 패배에 대한 미안함이 점차 희미해진다. 남녀 아이들이 모두 경쟁에 몰입하면 타인에 대한 배려를 던져버리게 된다. 경쟁은 나와 다른 친구를 배려하지 않는다. '승리'를 목표로 하는 경쟁적 게임에서 승리하는 아이는 이김으로써 자기도취에 빠지고 게임에서 패한 아이는 '나는 못난 놈'이라는 자기비하에 빠진다. 특히 항상 승리를 경험했던 아이가 실패를 경험했을 때 겪는 실의와 낙담은

정서적으로 폐해가 심각하다. 경쟁은 기본적으로 실패자를 만들어내는 구조이다. 그래서 경쟁이 강조되는 운동장에서 아이들은 친구 관계에서 얻을 수 있는 많은 것들을 잃게 되는 것이다. 더불어 살아나가는 삶을 배워야 하는 운동장에서 중요한 것은 배려이며 관계이다. 그러므로 운동장은 경쟁적인 곳이 되기보다 타인을 배려하는 인간관계를 창조하는 곳이 되도록 지도해야 한다.

철 지난 놀이터

운동장에서 자신의 신체적 능력에 실망한 학생들은 운명에 의존하게 된다. 지나치게 치열한 경쟁은 소심한 학생의 활동 의욕을 꺾으며, 이로 인해 신체적 능력이 아닌 외적인 힘에 자신을 맡기게 된다. 하늘이 그에게 만들어주는 행운을 인식하고 이용함으로써, 자신의 신체적 능력이나 악착같은 노력 그리고 인내심 있는 근면으로 획득할 수 없는 승리를 얻고자 한다. 힘만 들고 실속 없이 땀만 흘리는 노력에서 벗어나 행운에게 자신의 운명을 맡기는 것이다. 우연적으로 결과가 결정되는 놀이가 운동장의 한 모퉁이에서 학생들을 유혹한다. 행운이라는 끈을 잡고 기뻐할 수 있는 곳이 운동장이기도 하다. 학생들은 운동장에서 신체적 능력이나 지적인 능력이 아닌 '행운'으로 승리를 선택하고자 한다. 학생들은 '가위바위보'와 같은 요행적 행위를 통해 자신의 팀과 승리를 예측하는 선택을 시도한다.

아름을 중심으로 한 여자아이들이 빙 둘러선다. 그리고 "앉았다 일어섰다 데댄찌" 하며 아이들이 모두 일어섰다 앉았다 한다. 몇 번 반복하다가 편이 형성되었다. 여자아이들은 운동장 왼쪽에 있는 첫 번째 느티나무를 벽으로 삼아서 말타기를 시작했다. 아름이를 중심으로 한 아이들이 졌다. 선혜가 느티나무에 가서 서자 미진이가 선혜 양다리 사이로 자신의 머리를 집어넣고 다리를 잡는다. 허리를 숙이고 있는 아름이 "빨리 갈라." 하고 소리친다. 맨 앞에 올라탄 은지와 느티나무에 등을 대고 선 선혜가 가위바위보를 한다. "이겼다." 하는 은지의 환호성에 허리를 숙이고 있던 아이들이 일제히 "아아, 힘들어." 하며 땅바닥에 주저앉는다. 등에 올라타던 은지, 지영, 선우, 유진 등은 오른손을 번쩍번쩍 들며 제자리에서 폴짝폴짝 뛴다.

2006. 5. 10. 3교시 체육 시간 관찰 일지.

꼬리잡기, 자치기, 사방치기, 술래잡기, 말타기 등의 놀이들은 학교 행사나 학급 행사를 위해 때로 교사들이 가르쳐 행해진다. 이때 놀이에 참여하는 학생들은 놀이가 재미있다고 한다. 그러나 이러한 놀이는 일회적이다. 말타기, 사방치기, 술래잡기 등은 학교의 일상적 삶과는 너무나 멀리 떨어져 있다.

따라서 경쟁적이지 않고 신체적 능력을 요구하지 않는 놀이를 통해서 행복감을 맛보는 행위는 이제 더 이상 학생들에게 매력적이지 못하다. 그래서 이러한 활동들은 일회적으로 끝난다. 운동장에서 지속적인 모습으로 나타나지 못한다. 그럼에도 불구하고 학년의 구분 없이 아이들이 이러한 게임을 가끔 운동장 구석에서 행하는 이유는 승부 예측이 가능한 운동장에서 벗어나고픈 마음의 반영이다. 여기서는, 운동장이 늘 신체적 능력이 지배하여 운동 능력이 좋은 아이들이 승리할 것으로 예측되는 공간이 아니라 승부를 예측할 수 없는 곳이 되는 것이다.

쉼터

사물은 그 보이는 바에 따라 성질이 규정되기도 한다. 운동장에서 일어나는 많은 사건 중에서 아이들의 시선이 집중되는 사건을 중심으로 운동장의 성격이 규정된다. 운동장과 관련하여 학생들은 그들이 하는 활동에 따라 그곳을 이미지화한다. 그래서 운동장을 운동하는 곳으로 인식한다. 그러나 실제로 운동장은 학생들에게 운동만을 위한 공간이 아니다. 학생들 저마다의 사용 목적에 따라 운동을 하는 '운동장'이 되기도 하지만, 또 다른 아이들에게는 자신이 쉴 수 있는 마음의 '쉼터'이다.

세상에서 제일 편해 보이고 아무런 질투도 없는 평온한 곳인 것 같아요. 우리는 톱니바퀴 같은 인생에서 살고 있잖아요. 바퀴가 구르면 동시에 학교, 공부, 학원이 돌아가요. 이런 **빡빡한** 삶 속에서 운동장은 내 마음의 쉼터가 됩니다. 한여름

학교의 일상에서 자신을 쉬어가며 편안하게 바라볼 수 있는 소중한 공간이다. 학생이기에 가질 수밖에 없는 부담을 떨쳐버리고 쉴 수 있는 곳이다. 그러나 아이들은 운동장을 쉼터로 사용하는 경우 운동장에서 승부를 향해 달리는 게임인 '축구를 하는 친구들에게 방해가 되지 않을까?' 하는 걱정을 하기도 한다. 즉, 운동장의 주인 의식은 없고, 운동장을 잠깐 찾은 손님과 같은 자세를 보인다. 운동을 잘하지 못하는 학생들은 운동장에서 친구들이 축구 게임을 하고 있기 때문에 휴식하는 공간으로서 운동장을 바라보지 못한다. 그들은 운동장을 운동을 해야만 하는 곳으로 생각한다.

학생들은 운동장을 '운동장'이라는 이름으로 학교에서 넓게 자리하고 있는 것만으로도 몸은 때론 갈 수 없지만 마음은 늘 가는 휴식의 공간으로 생각한다. 넓다는 것은 자유롭다는 감정을 자연스럽게 불러일으킨다. 그래서 운동장은 닫힌 교실과는 다르게 아이들에게 언제나 '자유'를 상징하는 곳이다.

강화도의 강서중학교

아이들의 신체 활동 안에 운동장이 있다

학교의 특정 공간인 운동장은 공동체의 맥락 내에서 아이들에게 어떤 의미가 있는 곳일까? 아이들은 개인이지만 그 개인의 삶은 학교 사회의 일상과 구조에 의해 구성될 수밖에 없다. 학교에 있는 아이들 개개인에게 운동장의 의미는 바로 그 개인이 위치하고 있는 특수한 상황 속에서 형성된다. 따라서 개인의 공간 의미는 단순히 개인적인 것이 아니라, 공동체의 것이며 역사적인 것일 수 있다.^{윤택림, 2004}

운동장은 축구장이다

운동장에서 학생들이 항상 축구를 하고 있고, 그래서 운동장 하면 축구를 연상하게 되며, 그러한 연상이 운동장은 '축구장'이라는 이미지를 만든다. 이렇게 만들어진 이미지가 아이들이 보는 운동장의 현실이다. 그래서 아이들에게 운동장은 늘 축구 경기장이다.

학교 일과로부터 자유로운 시간, 운동장에서 원하는 활동을 선택할 수 있는 시간에 아이들은 축구를 한다. 운동장에서 일상적으로 친구들이 축구를 하기에 운동장은 축구장이 된다. 다른 선택도 얼마든지 가능하지만, 운동장이라는 공간에서 항상 펼쳐지는 축구로 인하여 아이들은 '운동장은 축구장'이라는 생각을 하게 되는 것이다. 아이들이 운동장에서 주로 보이는 행동이 다른 친구들에게 특정한 의미와 방향을 갖게 한다.

운동짱, 그가 주인

운동장에서 축구를 하는 아이들, 그중에서도 축구를 잘하는 아이가 운동장의 주인이 된다. 축구로 운동장을 지배하는 아이들은 신체 활동이 수반되는 운동장에서 친구들로부터 '운동을 잘하는 사람으로 인

축구

정'을 받은 아이들이다. 그들은 실제로 운동장을 지배하고 있다는 강한 인상을 준다. 이들은 시간적으로 운동장을 가장 많이 소유할 뿐 아니라 축구를 할 때 다른 친구들에게 운동장에서 나가달라고 당당히 얘기하는 권력을 행사하기도 한다. 운동장을 주인처럼 사용하는 아이들은 운동장이 축구장이 되는 그곳에서 축구 경기를 준비하고 계획한다. 그들은 자신의 팀을 어떻게 구성하여 상대 팀과 경기를 할 것인지 결정한다

오늘 만약 축구 시합을 하는 것으로 결정되면 그러면 집에 못 가요. 왜냐하면 축구 시합을 하는데 수가 모자라면 더 채워야 되니까. 어쩔 수 없이 들어가야 돼요. 꼭 들어가야 될 상황이면 들어가야 되잖아요. 굳이 누가 얘기해서 기다리는 것은 아니고 수가 거의 다 맞으니까 거의 다 남고, 잘하는 애들은 이름만 들어도 알잖아요. 그래서 잘하는 애들 먼저 쭉 넣고 짤리면 그냥. 그냥 무언의 약속 같은 것이고, 뭐 축구의 운동장에서 다른 반과 시합을 위해 순위가 자연스럽게 매겨져 있는 그런 거지요. 김봄

학급의 구성원인 남학생들은 축구 경기가 시작될 때까지 운동장에서 대기해야 한다. 그리고 경기를 주도하는 아이들이 학급 대항 시합에 참여할 것을 권유한다면, 부담스럽고 긴장되기는 하지만 거절하지 못하고 참여한다. 왜냐하면 학급의 구성원으로 참여 요청을 받은 것이고, 선택의 여지가 없다. 만약 참여를 거부한다면 학급의 구성원으로서 자격을 잃게 되고, 다른 친구들에게 철저하게 '소외'를 경험하게 된다. 그래서 '축구짱'의 결정 사항에 불만이 있어도 참여를 거부할 수

없다.

그리고 '축구짱'은 운동장의 주인이기에 다른 아이들과는 다르게 자신들의 감정 상태를 자유롭게 표현한다. 화가 나면 친구들을 향해 화를 내고, 분노가 일면 분노를 표출한다. 그런데 운동짱이 되지 못하는 아이들은 '운동 실력'으로 인정을 받지 못한 공간이기에 위계적 서열에 눌려 자신의 감정을 솔직하게 표현할 수 없다. 운동장에는 스포츠 실력에 따라 아이들의 위계가 정해지는 것이다. 즉, 운동장이라는 공간에서 운동 능력으로 감정까지도 자유롭게 표현하는 아이가 있는가 하면, 반대로 감정 표현까지도 제한을 받는 아이들도 동시에 존재하는 곳이다.

감정 표현을 제한받는 아이들은 축구 경기의 과정에서 공포, 분노, 슬픔 등의 감정을 만나게 되지만 얼굴에는 미소를 지으며 '나는 힘들기는 하지만 견딜 수 있어. 나는 해낼 수 있어'라는 신호를 운동장에 있는 다른 친구들에게 보낸다. 운동 능력이 부족한 아이들은 자신의 감정과 소통할 수 있는 기회조차 운동 능력이라는 장벽 앞에서 제한받는 것이다. 이것이 아이들이 느끼는 운동장의 현실이다. 그래서 아이들은 운동장에서 축구를 잘하여 주인처럼 당당히 움직이는 그들을 부러워한다.

12번째 선수, 관중

학급 공동체는 어떤 아이에게는 든든한 울타리가 되어주기도 한다. 하지만 또 다른 아이에게는 싫어도 어쩔 수 없이 소속되어야 하는 부담으로 작용한다. 학급 외부의 아이들로서는 끼어들 수 없는 그들만의 세계다. 학급은 친숙함, 친밀함, 편안함 그리고 공동체라는 동질감을

준다. 그러나 그 동질감으로 인해 어려움이 발생하기도 한다. 만약 학급에 소속되지 않는다면 경쟁적인 축구를 하는 운동장에 결코 선수로 경기에 나서지 않아도 된다. 선수로 선발되지 않는다면 관중으로서 축구하는 친구들을 편안한 마음으로 보면서 선수들을 응원하면 된다. 그러나 축구를 잘하지 못하는 아이가 단지 학급의 구성원이라는 이유로 승리가 중요한 축구 게임에 선수로 뛰어야 하는 일은 그에게 최악의 일이다. 축구를 잘하지 못하기에 운동장에서 관중이 되어 학급의 선수들을 열렬히 응원하는 사람이 되었으면 하는 마음이 있다. 하지만 아이들은 학급의 구성원이기에 구성원의 역할과 책임에서 자유롭지 못하다.

나의 운동 능력을 뽐내는 무대다

누구에게나 열려 있다는 사실은 누구나 자연스럽게 볼 수 있는 공간이라는 의미이다. 신체 활동 모습을 언제나 다른 사람들이 지켜볼 수 있는 곳이 운동장이기에, 운동장은 아이들에게 공개된 무대이다.

> 운동을 잘하는 사람이 무엇인가 보여주는 무대 같은 곳…… 운동을 못하는 저를 친구들이 바라보는 것이 싫어요. 다른 사람이 보고 있으면 '잘해야 하는데' 하는 생각이 마음속에 계속 들어요. 운동장에서는 한 사람씩 나가서 하게 되고 나머지 사람들은 하는 사람을 지켜보게 되잖아요. 김봄

운동장에서 아이들은 자신의 모습을 숨길 수 있는 곳이 없다. 언제나 운동을 하는 아이는 전면에 부각된다. 과제를 수행하는 아이를 제외하고는 모두 뒤에서 숨죽이고 자신의 차례를 기다리면서 운동하는 친구를 바라본다. 친구들의 시선이 운동을 하는 한 사람에게 집중된다. 운동을 하는 친구의 표정 하나하나까지 전부 본다. 운동 수행을 잘하여 행복한 표정을 짓는 모습, 넘어져 창피하여 숨고 싶은 모습, 과제 수행이 어려워 도망가는 모습들이 다른 여과 장치 없이 자연스럽게 공개된다. 운동장은 신체를 움직이는 사람과 그리고 이를 지

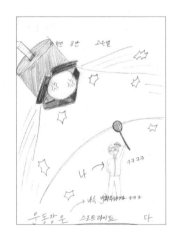

켜보는 시선이 항상 상존하는 곳이다. 운동장에서 친구들의 시선은 바라보는 것에서 끝나는 것이 아니라 활동을 평가한다. 자신들의 활동이 평가되고 이를 바탕으로 운동장이라는 공간에서 새롭게 친구들과의 관계가 형성되는 것이다. 운동장이 신체 활동을 드러내고 평가하는 형식의 무대가 되기에 아이들 모두에게 참여가 부담스럽다.

그래서 운동을 잘하지 못하여 소극적인 아이들은 다른 친구들의 시선을 차단해주었으면 하고 희망한다. 하지만 무대가 되는 운동장에서 다른 친구들의 시선을 차단할 수가 없다는 것이 현실적인 문제이다. 다른 사람들이 운동장에서 나를 보지 못하도록 하는 일은 불가능하다는 것을 아이들도 잘 알고 있다. 그만큼 다른 친구들의 이목이 집중되는 운동장에서 직접적인 신체 활동을 하는 것에 대해 느끼는 부담이 큰 것이다. 이러한 부담은 아이들을 둘러싼 운동장 공간을 작게 만들어 참여할 수 있는 사람의 숫자를 상대적으로 줄였으면 하는 바람으로 나타나기도 한다.

> 저 같은 경우는 운동장이 작아졌으면 좋겠어요. 작아진다는 건 들어갈 수 있는 사람이 적다는 거니까. 나는 안 들어가도 되겠다, 이런 느낌이 드는 것 같아요. 또 아주 넓어져도 좋은 게, 내가 존재하는 게 눈에 확 띄지 않고 덮이는 느낌이 있어서. 김봄

운동 능력이 떨어져 참여하기를 싫어하는 아이들은 운동장이 작아져 신체 활동 참여의 기회가 원천적으로 봉쇄되기를 바란다. 친구들이 학급의 구성원으로 참여를 권유하면 자신의 의지로는 거절하지 못하기에 운동장이 작아져 참여할 수 있는 절대 인원이 감소해서 참여의

기회가 자연스럽게 박탈되기를 원하는 것이다.

반면에 운동장이 두 배로 커졌으면 하는 희망은 자신이 연기를 해야 하는 무대 공간이 넓어져 친구들의 시선이 한쪽 구석에서 눈에 띄지 않는 활동을 하는 자신에게 집중되지 않을 것이라는 희망 어린 생각 때문이다.

운동장은 모두가 함께하는 체육 시간이다

아이들에게 축구가 일상적으로 행해지는 운동장, 신체 활동을 잘하지 못하는데 다른 친구들에게 보여주어야 하는 무대에 나서는 것 자체가 부담스럽고 긴장된다. 그래서 운동하기를 싫어하는 아이들은 운동장에 자발적으로 나서지 않으려고 한다. 그러나 학교 교과 과정상 편성된 체육 시간은 학생으로서 당연히 참여해야 하는 시간이다. 체육 시간 운동장은 누구에게나 참여해야 하는 의무의 시간이다.

누구나 참여할 수 있는 시간

체육 시간에 운동장은 필수적으로 또 의무적으로 나가야 하는 곳이 돼요. 운동장에서 하는 수업 내용이 너무 어려운 경우에는 솔직히 부담되고 긴장도 되기도 해요. 운동장에 나가기가 싫어요. 그래도 수업이니까 운동장에 나가요. 사실 어려운 게 나오면 운동장이 싫어요. 하지만 체육 시간이니까 의무적으로…… 저도 친구들처럼 체육 시간이 재미있었으면 좋겠어요. 김봄 운동을 잘하지 못하지만 체육 시간은 학생으로서 당연히 받아야 하는 교과 시간이기에 의무적으로 참여한다. 아이들은 '잘할 수 있을까? 친구들이 보고 있는데' 하는 강박관념 속에서 체육 시간 운동장에 나오게 된다. 아이들은 수업을 받아야 하는 학생이기에 의무로 체육 수업에 참여한다. 아이들은 자신의 운동 능력에 상관없이 누구나 다른 친구들 시선이 가득한 운동장에 서야 한다. 이런 의무의 공간인 운동장에서 특별한 신체 활동 경험을 하는 기회가 되기도 한다. 친구들의 이목이 집중되어 부담스럽기는 하지만, 의무로 참여하는 수업 시간 운동장이기에 자신의 신체적 능력을 발견할 수 있는 경험을 하게 되기도 한다.

체육 시간에 있었던 30분 달리기에서 아, 내게도 굼벵이가 기는 재주가 있듯이 오래달리기 재주가 있구나. 제가 마냥 못하는 것만은 아니라는 걸 느꼈고요. 그리고 사람이 힘드니까 긴장감이고 뭐고 다 없어지더라고요. 친구들이 보고 있다는 부담감 없이 달릴 수 있었고, 내게 이런 능력도 있구나 하는 걸 알았지요. 마음속으로 흐뭇해한다거나 그런 게 싫어서 그런 건 없었지만 스트레스 안 받는다는 것만으로도 너무 감사하고 그랬어요. 김봄

기회는 희망이 되기도 한다. 학생에게 자신의 능력을 펼칠 수 있는

기회가 주어지지 않는다면 영원히 자신의 능력을 발견할 수 없다. 그래서 아이들에게는 운동장에 의무적으로 나오는 체육 시간이 필요하다. 이 시간에 아이들은 수업에 임하면서 자신의 신체적 능력과 연관된 위험에 내던져져야 한다. 스스로 능력이 없다는 이유로 안전한 곳에만 숨어 있을 수는 없다.

과제에 따라 카멜레온처럼 적응하기

운동장에서는 주어지는 과제에 따라 다양한 신체적 능력이 요구된다. 운동장에서 학생들은 특정한 학습 능력만 요구하는 교실 수업과 다르게 상황을 예측하고 스스로 적절하게 대응하는 일이 쉽지 않다. 스스로 선행 학습을 통해 준비할 수 있는 교실 공간과는 다르게 선행 학습을 통해 준비할 수 없다. 운동장은 자신의 준비 여부와는 상관없이 교사가 준비하는 다양한 프로그램에 얼마나 잘 적응하느냐가 중요하다.

체육 시간에 운동장에서 이루어지는 수업 내용은 1년간 같은 내용과 수준으로 이루어지지 않는다. 한 학습 과제는 많게는 10시간에서 짧게는 6시간 동안 진행된다. 허들 달리기, 농구, 사격, 뜀틀, 오래달리기, 대나무 춤, 소프트볼, 높이뛰기, 인라인스케이트, 배구, 핸드볼, 플로어볼, 엑슬라이더와 같은 학습 과제에 따라서 신체 능

력이 순발력 있게 적응을 해야 한다. 체육 시간 운동장은 오늘은 잘해 안심이지만 내일은 어떻게 수행할 수 있을지 알 수 없어 불안한 곳이다. 학습 과제가 바뀌면 그 바뀐 과제에 맞게 카멜레온처럼 신체적 모습이 적절하게 적응해야 하는 곳이다. 이러한 적응이 요구되는 운동장이 바로 의무로 참여해야 하는 체육 시간 운동장이다.

운동장은 TV이다

운동장은 관계 맺기와 그 관계로 인해 참여 형태가 달라지는 곳이다. 3학년 9반이라는 학급 공동체, 축구 동아리, 농구 동아리 등 아이들은 관계를 근간으로 하여 운동장에서 활동을 한다. 그러므로 아이들은 관계가 형성되어 있지 않은 운동장에서는 자유롭게 자신의 의지대로 활동을 할 것인지 아니면 그냥 집으로 갈 것인지 선택할 수 있다. 그러나 관계로 맺어진 운동장에서는 신체적 능력이 우위에 있는 '운동짱'의 지시를 받아야 한다. 관계가 맺어지지 않은 자유로운 상태에서는 자신의 의지대로 행동한다. 아이들은 직접적 관계가 맺어지지 않은 운동장에서 벌어지는 친구들의 모습을 바라보는 것이 마치 TV를 보는 것과 같이 웃음을 준다고 얘기한다.

타인들이 운동하는 모습은 방송국이 중계하는 스포츠 방송과 같다는 것이다. 방송은 보는 사람이 중심이 되어 TV 채널을 선택하듯 운동장에서도 아이들 스스로의 의지로 선택하게 된다.

나와 관계가 없는 그들만의 세상

운동장 공간에서 함께하는 놀이는 '누가, 어떤 방식으로 참여하는가? 혹은 참여하지 않는가?' 하는 것으로 또래 관계를 단적으로 알 수 있는 지표가 된다. 아이들은 사회적 상호작용의 한 방식인 놀이를 통해 친구들의 생각을 받아들이고 서로 다른 역할을 조정하며 운동장에서 할 놀이의 내용과 형식을 논의하고 때로는 서로의 분쟁을 협상하기도 한다. 운동장에서의 스포츠 놀이는 그들만의 의미, 이해, 언어 등을 공유하고 발전시키도록 함으로써 독특한 의미 세계를 만든다. 그래서 축구나 운동 게임을 통해 창조되는 의미 세계와 아이들 간의 결속력은 이에 참여하지 않는 아이들에게 낯설고 이해하기 어려운 것이기도 하다.

> 운동장에서 축구를 하며 소리를 지르고 운동장을 달리는 친구들을 보면 뭐가 그렇게 좋고 재밌을까? 이런 생각이 들어요. 저런 사람들이 느끼는 기쁨이 뭔가 정말 알고 싶기도 하고 신기하기도 해요. 저는 느끼지 못하고 있는 걸 느끼고 있는 사람들도 있구나. 그런 걸 보면서 신기하구나. 뭐가 저리 기쁜 걸까 하는 생각이 들어요. 김가을

운동장에서의 관계 맺기는 게임 활동 등 운동장에서 이루어지는 활동의 맥락을 공유함으로써 이루어진다. 누군가와 생활의 맥락을 공유한다는 것은 새로운 환경에 적극적으로 참여할 수 있는 조건이 된다. 그러나 축구하기를 싫어하는 아이는 운동장에서 축구를 일상적으로 하는 친구들과 축구 게임 활동의 맥락을 공유하고 있지 못하다. 그래서 구경만 하는 아이들은 축구를 하는 아이들이 축구공을 차면서 경

험하게 되는 승리의 기쁨, 패배로 인한 좌절감, 승리를 위한 팀원 간의 협력, 힘들지만 팀을 위해 조금 더 뛰는 배려, 책임감 등 축구 게임의 맥락을 공유하지 못한다. 축구를 함께하면서 생활의 맥락을 공유하고 이를 토대로 관계가 형성되어 있지 않다. 그러므로 축구하기를 좋아하지 않는 아이들에게 축구를 잘하고 좋아하여 늘 축구를 하는 아이들은 접근하기 어려운 곳에 있는 딴 세상 아이들이다.

감정은 한 방향으로 흐른다

운동장에서 축구를 하는 아이들, 농구를 하는 아이들 그리고 이를 바라보는 아이들 사이에는 감정적 교감이 없다. 제3자적 관계인 운동장에서는 운동을 하는 아이들이나 운동하는 것을 바라보는 아이들이나 모두 같은 곳에 있지만 이들은 서로 다른 곳을 바라보고 있다. 운동장에서 축구를 하는 아이들은 게임에 참여하는 친구들끼리 서로 어떻게 게임을 할 것인가를 정한다. 게임에 참가하는 자신들이 '얼마나 즐겁게 게임을 할 수 있는가?' 하는 부분만이 중요하다. 그래서 그들은 누구의 간섭과 강요 없이 자신들만의 게임을 한다.

운동장에서 아이들이 축구를 하고 있다. 진근네 팀은 10명이고 순석이네 팀은 11명이다. 진근은 숫자에 너무 신경 쓰지 말고 빨리 시작하자고 한다. 이때 시간은 3시 30분이다. 양편으로 나뉜 아이들은 공을 차고 달리며 아우성이다. 기호가 찬 공이 옆줄 바깥으로 나갔다. "야, 드로잉 없기로 하자." 하고 상환이 말한다. 그러자 진근도 고개를 끄덕인다. 이렇게 시작된 축구가 시작된 지 1시간이 지나 점수는 4 대 1이다. 그런데 순석이가 외친다. "골든 골" 점수가 4점 차이인

데 아이들이 골든 골을 외치는 것이다.   2013. 10. 10. 관찰 일지.

축구를 하는 아이들은 그들을 위한 게임을 하고 있다. 또한 직접 축구를 하지 않는 아이들은 자신과 아무 관련이 없는 친구들이 축구를 하기에 어떤 감정의 동요도 없다. 제3자인 관객은 운동장에서 축구가 이루어지는 경우 승자의 모습만 본다. 패자의 슬픔과 좌절 그리고 암울한 분위기를 보지 않아도 된다. 그러한 감정을 느낄 필요가 없다.

진 팀은 좋아할 이유가 없고요. 일단 봐서 기뻐할 내용이 있을 만한 게 없잖아요. 제가 필요하다고, 이긴 팀 경우에는 좋아하는 모습을 보면서 제가 마음에도 기쁨을 느낄 수도 있을지 모르지만요. 진 팀보다 나은 감정을 주잖아요. 진 팀은 우울하고 암울하고 이런 게 있지만, 이긴 팀은 환희잖아요. 그런 거 때문에. 진 팀에 저랑 친한 친구가 있다면요. 어떻게 친구가 행동할까 눈여겨볼 수 있지만요. 저랑 관련 없는 애들이 있다면 모두 다 이렇게 이긴 팀을 눈여겨보고 있을 거라고 생각해요.   김봄

경기를 하는 아이들과 자신을 동일시하거나 그들과 감정적 유대감을 형성하지 않는다. 관계로 맺어지지 않는 운동장은 운동을 하는 사람에게도 운동을 하지 않는 사람에게도 모두 철저하게 각자의 운동장이 된다. 서로 원하는 행동을 하고 바라보고 싶은 곳을 바라본다.

운동장은 비상구이다

운동장은 교실 수업의 현실, 즉 학교 교육의 현실로부터 벗어날 수 있는 곳이다. 교실은 학생들이 치열하게 학습을 하는 곳이고, 상급 학교 진학을 위해 노력해야만 하는 곳이다. 그러나 운동장은 놀이와 휴식을 하는 곳이다. 운동장과 그곳에서의 놀이는 아이들로 하여금 수업 현실 그리고 학교의 일상적 삶의 현실로부터 벗어났다는 안도감을 준다. 아이들이 학습이 이루어지는 교실에서 벗어나 숨 쉬고자 하는 곳이 운동장이다. 그래서 운동장은 학교 일상인 학습과 규율로부터 벗어남을 허용하는 탈출구이자 비상구이다.

하늘과 바람의 땅

운동하지 않는 운동장은 넓고 개방되어 있으니까, 자유롭고 그래요. 제가 자연 경치를 보는 것을 좋아하는데 운동장에서는 나무들도 볼 수 있고, 하늘도 볼 수 있잖아요. 아이들이 축구를 하지 않는 경우 사방이 막힌 교실보다는 훨씬 좋아요. 햇빛도 있고 눈에 넓게 보이잖아요. 막히는 것 없이……. 김가을

아이들은 사방이 벽으로 차단되어 있는 교실에서는 태양과 바람, 그리고 하늘을 한가로이 나는 새를 볼 수 없다고 말한다. 교실은 세상과 단절된 닫힌 공간으로서 학생에게 학습이 요구되는 곳이다. 아이들은 사방이 벽으로 닫힌 공간에서 일방적으로 자신의 삶과 동떨어진 내용의 학습을 강요받고 있다. 이러한 닫힌 교실 공간을 푸코는 감옥으로

보았으며 겨울이도 이렇게 얘기하고 있다.

> 운동장은 저의 몸에게 자유를 주는 마약과 같은 존재입니다. 교실은 사방이 벽으로 막혀 있어서 답답하지만 운동장은 넓어서 좋아요. 그래서 교실에 있으면 너무 답답하지만 운동장에서 체력 소모를 많이 하면 기분이 나른해지기도 하고 스트레스가 다 풀려서 아무 걱정이 없게 됩니다. 걱정이 하나도 없게 하는 곳이 바로 운동장입니다.
>
> 한겨울

그러나 운동장은 사방 어느 곳도 벽으로 둘러쳐져 있지 않다. 낮은 울타리로 낯선 사람과 학교 주변에 있는 동물들의 출입을 제한하고 있을 뿐이다. 언제나 출입을 원한다면 출입이 가능한 열린 공간이다. 운동장에는 네 방향에서 바람이 불고 하늘에는 새들이 날고 있다. 언제나 고개를 들어 맑은 하늘과 머리 위의 태양을 볼 수 있다. 봄에는 개나리꽃과 벚꽃을 볼 수

있다. 계절이 바뀌면 그 계절의 변화를 몸으로 느끼고 볼 수 있다. 그래서 아이들에게 '운동장'이라는 이름으로 학교에 자리하고 있는 것만으로 마음의 안식과 자유로움을 주는 존재이다.

소리와 몸짓으로 소통하다

운동장은 소통의 공간이다. 친구들에게 나를 드러내어 나를 보여주고 이야기를 시도하는 곳이다. 닫힌 교실에서는 나를 드러내기가 쉽지 않다.

교실은 모두 정면의 교사를 바라보는 구조이다. 옆의 친구가 선생님의 이야기를 잘 듣고 있는지, 어떤 생각을 하는지, 친구에게 어떤 일이 일어나고 있는지 전혀 알 수가 없다. 그러나 운동장은 친구들의 모습을 온전히 볼 수 있고, 나도 움직임과 표정이 온전히 드러난다. 체육 시간 운동장에서는 1번 인순이부터 32번 철수까지 순서에 따라서 친구들 앞에 자신의 신체 활동을 온전히 드러내야 한다. 신체 활동을 드러냄에 따라 교사가 "좋아, 잘하는데. 팔을 조금 더 뻗어." 또는 "이거 무엇을 두려워하는 거야. 해보지 않는다면 결코 높이뛰기 바를 넘을 수 없어"라는 이야기를 듣게 된다. 그리고 그 이야기를 들은 친구들의 표정을 볼 수 있다. 또한 아이들은 달리기를 열심히 하는 친구에게 "야, 졸라 잘 달리는데. 힘들지 않았어. 짱이야." 하고 말을 던지기도 한다. 즉, 운동장에서는 계속적으로 나의 신체 활동과 친구들의 활동을 중심으로 이야기가 시도된다. 이곳에서는 과제를 수행하면서 모습이 다 드러나고, 그 모습을 중심으로 아이들 상호 간에 이야기가 일어난다.

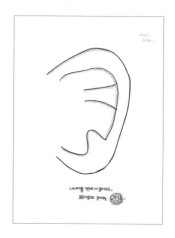

저에게 체육 시간 운동장은 친구들을 더 잘 알 수 있게 하는 곳
이기도 해요. 어떤 친구들은 높이뛰기를 엄청 잘하기도 하고 또 다른
친구들은 소프트볼을 잘하는 친구들도 있고…… 그런 모습을 알 수
있는 데가 운동장 같아요. 김봄

자신이 지닌 신체적 능력을 공개하고 이를 가지고 소통을 시도하는
곳이다. 그래서 한편으로는 부담이 되고 긴장이 된다. 그러나 '나' 혼자
만 공개되지 않고 '모두'가 공개되므로 부담을 넘어 친구들과 자신이
소통하는 기회를 만들 수 있기도 하다. 왜냐하면 운동장에서는 같은
과제를 한 번으로 끝내지 않고 대부분 여러 차례 반복하여 시도하기
때문이다.

운동장은 학교 안의 열린 공간으로, 학생들에게 '자유'를 상징하며
소통하는 공간으로 생각되고 있다. 하지만 신체 능력으로 경쟁하는 공
간인 경우에 그 소통에도 일정 제한이 따른다. 아이들은 신체 활동의
능력 평가를 통해 일부 아이들의 탁월함을 인정하여 '운동짱'이라고
한다. 그런데 그들이 인정하고 부여한 권력으로 인해 그들 자신의 신체
활동 기회를 잃어버리고, 소통의 기회를 차단당하는 일이 생기기도 한
다. 운동장은 소통의 공간이지만 그들 사이의 관계로 인해 소통이 자
유롭지만은 않다.

운동장에는 바람과 태양이 있어 좋아요. 운동장에서는 계절의
변화를 느낄 수 있어요. 만약 교실에만 있으면 살구꽃이 피는지 새싹
이 돋는지 하는 것을 볼 수가 없어요. 그런데 운동장에 나오면 여름
이 오고 가을이 오고 겨울이 오고…… 하는 자연을 볼 수가 있어 좋

아요. 김가을

한편 아이들은 친구들과 감정과 소리로 소통할 뿐 아니라 자연과 소통하고 있다. 아이들은 운동장에서 자연을 만난다. 느티나무의 새순이 돋는 것을 보고 복숭아나무의 꽃과 살구나무의 꽃도 본다. 운동장에서 불어오는 바람에 실려 아카시아 꽃의 향기를 느끼며 여름이 성큼 다가오고 있음을 알게 된다. 봄이 오고 여름이 오고 가을이 오며 하얀 눈이 내리는 겨울을 만난다. 아이들에게 운동장은 계절과 만나 자연과 소통하는 곳이다.

모두의 자유 섬

교실 공간은 학습이 중심이 되는 공간이기에 학습과 관련되지 않는 행동은 일체 금지된다. 학습이 없는 교실은 상상할 수 없다. 아이들이 가장 싫어하는 공간으로 교실을 꼽는 건 온전히 학습 때문이다. 학교는 아이들에게 이질적이면서, 자체적으로 닫혀 있는 장소이다. 학교 안에는 학생이 지켜야 하는 규율이 많이 있다. 교실에서 정숙, 복도에서 뛰지 말 것, 다른 학급에는 들어가지 말 것, 식사는 자기 자리에 앉아서 먹을 것, 교실에서는 공을 가지고 놀지 말 것, 휴지를 바닥에 버리지 말 것 등 학생들의 행동 하나하나를 일일이 감시하고 감독하고자 하는 곳이 교실이다. 그래서 아이들은 규제가 따르지 않는 운동장을 마음 편해하고 좋아한다.

교실과 다르게 운동장에 나가서 있는 게 마음이 편해요. 공부를 해야 한다는 부담감도 없고, 친구들도 즐거운 모습으로 놀고 있으니까 보기도 좋아요. 뭐 제가 좋아하는 하늘과 햇빛도 있어서 교실보다는 훨씬 좋잖아요. 선생님들이 뭐 이것저것 하지 마라 하는 잔소리도 없으니까. 특별히 무엇을 지켜야 한다는 생각도 없어요. 그냥 걷고 싶을 때 걷고, 스탠드나 나무 의자에 앉아서 쉬어요. 이런 때에 운동장은 왠지 모르게 자유의 세계로 가는 탈출구이자, 달콤한 유혹이에요. 학생이라는 신분이기에 학교생활을 참고 견디죠. 한겨울

운동장도 학교 안의 한 공간이다. 학교 안의 공간이라 학교 규칙이 적용되는 공간이지만 그 규칙으로부터 상대적으로 자유로운 곳이다. 학교의 규칙은 교사들이 정하고 학생들은 지켜야 하는 것이다. 그러나 운동장에서 아이들은 창조적으로 그들의 놀이 규칙을 만들고 따른다. 아이들은 그 규칙 안에서 놀이를 한다.

아이들이 운동장을 자유라고 느끼고 생각하는 까닭은 마음의 휴식을 갖고 싶은 욕망, 놀이 규칙을 창조하는 곳으로서 자유를 실현할 수 있는 공간이기 때문이다. 학교 공간의 주인이면서 언제나 대상화되어버리는 아이들, 그러나 아이들끼리 놀이를 하는 경우에 그들에게 운동장이라는 공간은 전혀 다른 곳이다. 그들은 운동장에서 자발적인 참여자가 되고, 스스로 창조적 행위를 한다. 그들이 만든 규칙을 존중하면서 그 규칙 안에서 자유롭게 활동하는 즐거움을 맛본다. 아이들은 그들의 자유로운 공간에서 조직된 놀이의 규칙을 상호 이득

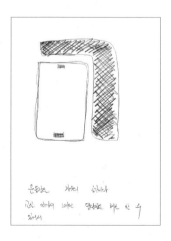

의 상태를 취하기 위해 자발적으로 그들의 절대적 자유의 일부를 포기하기도 하면서 지키려는 노력을 한다. 이렇듯 운동장은 아이들이 스스로 자신의 자유 일부를 포기하면서까지 얻고자 하는 학교 안의 특별한 자유 섬이다. 아이들에게 자유란 쉬고 싶은 욕구이며 기분 전환 및 변덕스러움의 욕구이다.로제 카이와, 1958 그래서 아이들에게 운동장은 희망, 자유, 놀이의 섬이다.

강화도의 명신초등학교

체육 교사인 나와 운동장

운동장은 체육 수업이 이루어지고 학교의 각종 행사가 이루어지는 곳이다. 그러나 학생들에게는 운동장이 그런 단순한 공간의 의미만 있는 곳이 아니다. 운동장은 일상 속에서 의미 있는 다양한 활동과 경험을 바탕으로 학생들이 살아가는 공간이다. 학생들이 살아가는 중요한 삶의 공간이면서도 전혀 주목받지 못한 학교 공간의 하나인 운동장을 의미 있는 공간으로 바라보아야 한다. 아이들의 삶의 이해는 우선 이해와 공감에서 출발하고, 아이들의 입장에서 그들이 살아가는 공간을 어떻게 인식하고 무엇을 느끼는지를 말할 수 있어야 한다. 그래서 난 학생들의 삶의 공간으로 운동장을 주목하였다.

언제나 내 곁에 있던 따뜻한 공간

나는 초등학교 시절, 점심시간에 축구를 하려고 3교시가 끝나면 10분 동안에 도시락을 먹어 치우기 바빴다. 그리고 수업이 끝나 집으로 돌아가야 할 시간에 친구들과 또 축구를 하며 놀았다. 그때 차범근 선수가 우리나라에서 축구를 제일 잘하는 사람이었다. 난 차범근 같은 축구 선수가 되기 위해 몰래 혼자서 연습을 하기도 했다. 그러나 난 축구에서 뛰어난 재능을 보이지 못했다. 난 오래달리기에 탁월한 재능을 보였다. 오래달리기 재능을 인정받아 1,000m 학교 대표 선수가 되었으며, 서울시 대회에 나가 1등으로 입상하여 서울시 대표 선수로 선발되었다. 물론 운동장에서 흘린 땀의 결과였다. 운동장에서 가장 기본이 되는 운동인 달리기를 잘하여 다른 친구들로부터 쉽게 인정을 받을 수 있었기에 학창 시절 운동장은 내게 가장 즐거운 곳이었다.

그리고 지금 체육 교사로 아이들에게 운동장이 어떤 곳인가를 바라보게 되었다. 나는 체육 시간에 '어떤 내용을 어떻게 하면 재미있게 가르칠 것인가?'에 대해서만 고민을 하며 살아왔다. 아이들이 체육 수업을 받는 곳, 그리고 학교의 일상생활 속에서 하늘을 보고 땅을 밟기 위해 나오는 운동장에 대해 깊이 있게 이해하지 못했다. 운동장은 아

1978년 제7회 소년체전 서울시 1,000m 예선(오른쪽이 필자)

이들에게 중요한 삶의 공간인데도 불구하고, 그 공간을 '나의 수업 장소' 그리고 '아이들의 놀이 장소' 정도로밖에 보지 못했다. '운동장이 어떤 곳일까?' 하고 관심을 가지고 살폈을 때, 아이들의 놀이터이며 배움터이고 휴식의 장소로 사용되고 있는 것이 보이기 시작했다.

이제 나에게 운동장은 단순한 수업의 공간이 아니다. 학교의 일상 속에서 학생들에게 의미로 가득 찬 공간이다. 나와 아이들을 구별 짓고, 아이들 스스로 자신을 규정하는 작고 사소한 기억들이 가득한 곳이다. 내가 운동장에서 어떤 위치에 어떤 모습으로 서 있는가는 아이들 스스로의 정체성을 이해하는 중요한 기준이 될 수 있다. 그래서 교사인 나 자신이 공간의 의미를 새롭게 인식하고 바라보았듯이 운동장에서 살아가고 있는 아이들도 자신의 공간을 들여다볼 수 있도록 노력해야 한다고 생각한다. 학생들에게 자신이 살아가는 공간을 인식하게 하는 일은 인간답게 살아가는 일을 가르치는 것이다. 인간은 자신이 살아가는 장소에서 인간관계를 배우며 그 관계가 삶을 결정해간다. 그러므로 교사인 나는 공간을 살아가는 아이들에게 운동장을 가르치고 보게 하는 일이 체육을 가르치는 일과 함께 중요한 교사의 일임을 알게 되었다.

첫째, 운동장은 열린 공간이다. 학교라는 울타리 안의 공간 중 유일하게 닫힌 곳이 아니라 열린 곳이다. 그래서 이 공간만의 독특함이 있다. 그 독특함은 누구에게나 공간 출입이 자유로운 곳이라는 점이다. 그러나 그 자유로움이 역설적으로 새로운 권력을 만들어 다른 사람의 출입을 제한할 수 있는 곳이 될 수도 있다. 그러므로 모두의 공간으로 그 개방성이 살아날 수 있도록 하는 노력이 교육적으로 이루어져야 한다.

둘째, 운동장은 아이들에게 개별적인 자기 주도적 체험의 공간이다. 운동장은 개인이 주체적으로 참여하여 경험을 하고, 그 경험을 바탕으로 또다시 운동장에서 활동을 반복하게 된다. 자신의 몸을 움직여 활동을 만들어내야 한다. 운동장에 있는 누구도 대신할 수 없다. 그래서 개인이 어떤 모습으로 활동을 만들어가는가에 따라서 운동장에서 활동하는 양상이 달라진다. 따라서 운동장에서 경험을 다양화하고 성공과 실패가 자연스럽게 일어날 수 있는 곳, 신체적 능력에 따라 참여가 결정되는 곳이 아니라 누구나 능력에 상관없이 언제나 참여가 가능한 곳이 될 수 있도록 하는 점이 중요하다.

셋째, 타인의 시선이 늘 따라다니는 곳이다. 신체를 활발히 움직이는 활동에는 항상 타자의 시선이 존재한다. 따라서 운동장에서의 활동은 다른 사람들의 평가를 수반하게 된다. 그 평가는 운동장에서의 나의 모습을 형성하는 데 중요한 기준이 된다. 그래서 운동장이라는 공간에서는 결과 중심이 아니라 과정과 협력적 관계 등으로 평가가 이루어져야 한다. 타자의 시선이 항상 '누가 최고인가' 하는 모습에 고정되어 그들을 평가한다. 그렇기 때문에 운동을 잘하지 못하는 아이들이 활동하기를 두려워한다. 운동을 못하는 사람으로 낙인찍히고, 친구들로부터 소외되는 일이 정말 싫기 때문이다. 그래서 모두가 운동을 잘하는데 나만 못하는 경우 타인의 시선으로 인해 한 발자국도 움직일 수 없게 만드는 것이다. 이 부담이 아이들에게 1등만 기억된다는 믿음으로 나타난다. 이를 떨쳐낼 수 있도록 운동장에서 아이들을 지도해야 한다. 친구들이 실수를 하고 멋진 모습을 보이지 못해도 비웃거나 비난을 하지 않고 따뜻한 격려를 하는 배려의 공간으로 거듭나게 해야 한다.

넷째, 시간이 상대적으로 흐르는 곳
이다. 운동장에서 활동을 하는 아이
들에게 45분은 모두 동일한 시간으로
다가가고 있을까? 아이들은 자신들이
하는 활동에서 어떤 경험을 하는가에
따라서 시간이 다르게 가고 있다고 이
야기한다. 아이들은 자기가 활동을 잘
하여 즐기고 있는 경우, 정말 재미있고
행복해서 시간이 언제 가는 줄 모를
정도로 몰입한다. 그런데 내가 잘하지
못해 활동이 부담스러울 때 시간은 45

분이 아니라 마치 백 시간처럼 느껴진다고 한다. 그리고 너무나 힘들고
어려운 시간이기에 지옥이라고 생각한다. 운동장에서 느끼는 아이들의
시간은 상대적일 수밖에 없다. 하지만 시간에 대한 생각이 고정되게
해서는 안 된다. 말 그대로 운동장에서 시간이 때로는 물 흐르듯 빨리
흘러간다고 느끼기도 하고, 또 때로는 정말 흐르지 않는다고 느낄 수
있도록 지도해야 할 것이다.

다섯째, 다양한 활동 모습이 공존할 수 있는 곳이다. 운동장은 놀이
터이고 농구장이며 달리기를 하는 곳이기도 하다. 그리고 운동장의 이
곳저곳에서는 자기가 좋아하는 활동들을 자연스럽게 할 수 있는 곳이
다. 그런데 운동장은 스포츠만 하는 곳이라는 잘못된 생각이 지배하
고 있다. 왜냐하면 아이들에게 운동장은 다양한 활동을 하기에 너무
협소하기 때문이다. 아이들은 협소한 운동장에서 활동을 보장받기 위
해 '1등 되기'라는 탁월함을 경쟁하게 되고, 그 경쟁으로 획일성을 만

들게 된다. 서로 다른 활동에 참여하면 등수를 매길 수 없기 때문에, 순위를 정하는 활동에 참여하게 되며 이를 통해 획일화되는 것이다. 그래서 운동장에서 이루어지는 활동은 다양화되어야 한다. 그리고 그 중심에 체육 교사가 있다. 체육 교사는 운동장이라는 공간이 아이들 모두에게 열린 공간이 될 수 있게 다양한 활동을 장려하고 순위 매기기에 몰입하지 않아야 한다. 공간에서 이루어지는 활동이 공간의 성격을 규정한다.

아이들이 이야기하는 운동장

나는 운동장에서 삶을 살아가는 사람이다. 아이들을 가르치는 일을 주로 운동장에서 한다. 내가 좋아하는 운동을 가르치고, 가르치면서 함께 운동도 한다. 나에게 운동장은 일석이조가 아니라 일석삼조인 곳이다. 아이들을 가르치는 곳, 내가 생계를 유지하기 위해 일을 하는 곳,

내 건강을 위해 좋아하는 축구, 농구, 핸드볼, 달리기 등을 하는 곳 그리고 울적할 때 하늘을 보는 곳. 나에게 운동장은 꼭 필요한 곳이다. 늘 운동장에서 살다 보니 특별히 운동장을 다시 보고 생각할 필요가 없었다.

그런데 2006년 봄, 우연한 기회에 아이들이 운동장에서 축구를 하는 모습을 보면서 '아이들이 정말 즐겁게

놀고 있구나. 저곳은 아이들에게 어떤 곳일까?' 하는 의문이 들었다. 그리고 그 의문을 풀기 위해 1년간 운동장을 관찰하고 아이들과 이야기를 나누면서 전혀 보고 듣지도 못했던 운동장의 모습을 이해하게 되었다. 운동장에서 달리고 뛰던 철수, 동수, 일호, 성수, 정우, 준수, 희호, 동진, 동욱, 여진, 수경, 소담, 정진, 희원, 미소, 도희, 서현. 그들이 운동장을 달리고 뛰면서 웃고 우는 것을 보았다. 교사인 난 아이들이 위치하고 있는 '운동장' 공간을 앎으로써 아이들이 어떤 행동을 하고 무슨 생각을 하는지 짐작할 수 있게 되었다. 즉, 내가 가르쳐야 할 아이들에 대해 보다 깊이 이해하게 된 것이다. 오랜 시간 운동장에서 나와 함께한 모든 아이들이 참 고맙다. 내가 만난 그 고마운 아이들의 생생한 목소리다.

중학교에 입학하는 날 운동장은 저에게 설렘과 기대감을 주는 존재였어요. 제 가슴을 떨리게 했거든요. 그런데 체육 수업 이후부터 운동장은 제게 가장 짜증 나고, 학교 다니기 싫게 하는 존재가 되어 버렸어요. 물론 그것은 체육 시간이나 운동장 책임이 아닙니다. 평소에 운동을 좋아하지 않던 제 책임입니다. 그렇지만 그래도 운동장이 없으면 짜증 나고, 고통스럽게 하는 체육을 안 할 수 있지 않을까 하는 생각을 하곤 해요. 제게는 운동장은 짜증의 대상이지요. 하지만 제가 현실 도피에 가까운 어리석은 생각만을 하는 것은 아니에요. 무슨 일이든지 짜증 나고 어려운 일이 있으면 불만을 가진 무능아가 되지 말고, 이를 이기는 최고의 방법은 즐기는 것이라는 것을 어느 날 깨달았어요. 그래서 저도 가능한 한 그렇게 해서 운동장을 다른 친구들처럼 느끼고 누리고 싶어요. 쉽지는 않겠지만. 김지복

운동장은 아이들의 일상이 그대로 느껴지는 곳이다.

아침에 등교하면 아이들이 아무도 없이 텅텅 비어 있잖아요. 아이들이 점점 학교에 나오면서 운동장이 시끄러워지고 사람이 사는 세상이 돼요. 또 체육 시간에는 선생님에게 무엇인가 정해진 것들을 선생님의 지시에 따라 배우고. 그리고 수업이 끝나면 저희들은 학교 운동장을 뒤로하고 다들 집으로 돌아가잖아요. 그래서 저는 운동장도 정해진 규칙대로 움직이는 아이들의 일상과 같다는 생각을 해요. 뭐 그렇게 생각해요. 심상겸

운동장은 내 마음의 게임장이다.

운동장에서 전 친구들하고 이야기도 하지만 때로는 축구, 농구 등을 하는 친구들을 바라봅니다. 마치 한 편의 영화를 보는 것같이 뭔가 가득 찬 느낌을 받아요. 그리고 제가 컴퓨터 게임을 좋아하는데, 운동장에서 축구를 하는 친구들을 보면서 제가 컴퓨터 게임을 하고 있다는 착각을 할 때도 있어요. 제가 운동장에서 뛰는 친구들을 막 조종하는 거 있지요. 그렇게 기분을 풀기도 해요. 이수호

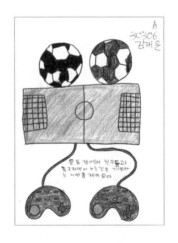

운동장은 복권이다.

재미있고 즐거운 경우에는 운동장이 참 좋지만 벌이나 재미없는

경우에는 운동장이 없으면 얼마나 좋을까 하는 생각을 해요. 운동장은 좋을 때도 있고 싫을 때도 있는데 언제 나에게 좋을지 그리고 언제 나쁠지 그것을 제가 나의 능력으로 정확하게 예측할 수 없기에 전 운동장을 복권이라고 생각해요. 김재범

운동장은 피에로이다.
운동장은 저에게 피에로와 같은 곳이에요. 피에로는 우리들의 울적한 기분을 바로 기쁘게 전환시켜주잖아요. 운동장도 저에게 힘들고 우울한 기분들을 날려버리고 기쁘게, 평온하게, 즐겁게 만들어주어요. 그래서 전 운동장은 저의 기분을 좋게 만들어주는 피에로라고 생각해요. 김민정

운동장은 삶이다.
제게 있어서 운동장은 삶이 아닌가 합니다. 왜냐하면 운동장에서 친구들과 운동을 하면서 운동을 잘못해서 쓴맛도 보고 때론 정말 온몸의 피로가 싹 가시는 것과 같이 기분 좋은 단맛도 보고. 마치 인생을 연습하는 곳이 아닌가 하는 생각이 들어요. 정용희

운동장은 나의 신체 일기를 보는 곳이다.
운동장은 저의 신체 일기를 보는 곳이에요. 왜냐하면 운동을 하면서 점점 성장하는 신체적인 모습이 운동장에 쓰여져요. 어느 종목에서 신체 활동이 활발한지 자신의 신체 한계가 어느 정도인지…… 운동을 하는 양이 적은 저에게는 운동장에서 하는 활동이 보양식이 되는 거나 마찬가지지요. 일주일에 2번 있는 체육 시간에 운동을 함

으로써 체력 유지가 가능한 것 같아요. 김리정

운동장에서는 여러 감정이 다 나오는 곳이다.

교실에서 수업을 받을 때에는 별다른 감정이 생기지 않아요. 그냥 앉아서 귀로 듣고 뇌에 입력…… 마치 기계처럼…… 하지만 운동장에 나가 활동을 하면 저는 기계가 아닌 사람이라고 느껴집니다. 예를 들어 소프트볼 수업에서 멋진 타격으로 2루에 나가면 한없이 기쁘고, 또 아웃시킬 수 있는 것을 아웃 못 시키면 화가 나기도 해요. 게임에 완패하면 슬픔을…… 이기면 마냥 즐거워요. 운동장에서 저의 감정이 나타나요. 박광현

혈기 왕성한 우리에게 자유를 주는 곳이다.

학교 운동장이라는 곳은 청소년은 물론 모든 사람에게 중요한 곳이 아닌가요? 전 지금 가장 혈기 왕성하고 먹어도 먹어도 배가 고픈 나이며, 마음껏 자유롭게 뛰어놀아야 하는 나이잖아요. 이런 저와 친구들이 학교의 운동장에서 누구의 간섭도 받지 않고, 자유롭게 뛰어노는 일은 당연한 것 아닌가요. 옆집의 멍멍이도 운동장을 보면 뛰고 싶어 몸부림칠 거라 이거죠. 하물며 저희들은 미치는 수준이 되는 건 당연하지요. 한혜진

가수의 무대와 같이 화려한 곳이다.

저에게 운동장은 톱이 될 수 있는 멋진 무대입니다. 전 운동을 다 잘하는 것은 아니지만 축구를 할 때는 친구들로부터 주목을 받아서 멋진 무대가 되어줍니다. 전 운동장에 있을 때 존재감을 느끼며, 정말 행복하고 톱 가수가 무대에서 느끼는 기분 같은 것을 전 느껴요. 운동장은 무대와 같이 화려한 곳입니다. 이영우

아침 시간 운동장

교문을 통과하면서 운동장을 바라보면 운동장이 우리를 기다리고 있었구나 하는 생각을 해요. 축구 골대도 농구대도 그 자리에 그대로 있잖아요. 늘 같은 곳에 변함없이 서 있어요. 이나은

하루를 예측하게 하는 곳이다.

아침 등교 시간에 운동장을 보면서 오늘을 예측하곤 해요. 왜냐하면 운동장에 비가 많이 내려 곳곳에 빗물이 고여 있으면 오늘 체육 안 하겠구나 하는 생각을 하게 돼요. 그래서 아침의 운동장은 저에게 일기예보판 같은 곳이지요. 성유림

체육이 있는 날, 체육복을 가지고 등교하면서 오늘 우리가 무엇을 하게 될까를 생각해요. 그리고 아침에 아이들이 뛰어놀지 않는 한가한 운동장을 바라보면 마음이 평안을 가지게 돼요. 아무도 없고 주위에 나무들로 인해 아늑하다는 생각이 들어요. 박수민

지각해서 벌을 받는 곳이다.

등교 시간에 지각해서 벌로 휴지를 운동장에서 10장씩 주워 오라고 할 때 운동장 이곳저곳에 떨어진 휴지 조각을 주워요. 그래서 지각을 잘하는 저에게는 아침 등교 시간의 운동장은 벌 청소를 해야만 하는 곳이라는 생각이 들어요. 윤영호

외로움을 느끼는 곳이다.

텅 비어 있는 운동장은 그렇지 않아도 쓸쓸히 등교하는 절 더 외롭게 만들어요. 친구가 없어 혼자 학교에 오는데 사람은 한 명도 없고 축구 골대만 있는 운동장은 절 쓸쓸하게 만들어요. 그렇지만 교실에 들어가 친구들이 와 있는 것을 보면 금방 잊어버려요. 정다정

수업을 준비하시는 곳이다.

등교하면서 잠시 운동장을 바라볼 때 체육 선생님이 아침 일찍 체육 수업을 준비하시는 것을 보고 정말 존경스러운 생각이 들었어요. 우리가 체육 수업을 그렇게 편하게 그리고 즐겁게 할 수 있는 것이 선생님이 준비해주셔서 그런 것이구나 하는 생각을 하게 되었고요. 그래서 전 운동장 하면 무엇인가 준비하는 곳이라는 생각을 해요.

우성현

아침의 텅 빈 운동장은 제가 제일 좋아하는 운동장이에요. 항상 운동장은 어수선하고 시끄럽고 힘들게 하잖아요. 그런데 아침의 운동장은 밤새 흥분을 가라앉혀 왠지 고요함을 간직해서 이러한 운동장을 보면 어수선한 마음을 가라앉힐 수 있어서 좋아요. 장세령

내 마음의 공터이다.

세상에서 제일 편해 보이고
아무런 질투도 없는 평온한 공간
인 것 같아요. 우리 톱니바퀴 같은
인생에서 살고 있잖아요. 아침이라
는 바퀴가 구르면 동시에 학교, 공
부, 학원이 돌아가요. 이런 빡빡한
삶 속에서 아침의 운동장은 내 마
음의 공터가 됩니다. 아무것도 존재
하지 않는 자연의 일부이기 때문에

운동장은 산들바람이다.
기분을 상쾌하게 해주니까

더욱더 시원해 보이기도 하고요. 좁은 집이나 교실에 갇힌 지루한 생
활보다 탁 트인 운동장이 저에게는 아침의 활력소입니다.   안기범

쉬는 시간 10분의 운동장

서로를 준비하는 곳이다.

쉬는 시간의 운동장은 선생님도 아이들도 수업을 준비하는 곳이
라는 생각이 들어요. 선생님은 수업을 위해 라인도 그리시고, 저희들
은 체육복도 갈아입어야 하고 수업 시간에 늦지 않기 위해 교실에서
나와야 하잖아요.   서수진

유혹하는 곳이다.

짧은 10분이지만 운동장에 서 있는 농구대를 바라보면 친구들
과 함께 농구공을 가지고 나가 농구를 하고 싶다는 생각이 강렬하게

일어나게 하는 곳입니다. 스스로 어쩔 경우에는 그런 욕구를 참지 못하고 운동장에 나가, 선생님께 꾸중을 듣게 됩니다. 유지현

　자유의 공간이다.

　쉬는 시간에 운동장을 바라보
면 왠지 다음 시간을 거부하고 그
냥 운동장으로 나가버리고 싶다는
생각이 들기도 해요. 계속해서 규
칙적으로 반복되는 수업을 벗어나
나만의 자유 시간을 즐기고 싶다
는 생각이 드는 거지요. 쉬는 시간
이 지나면 또다시 저는 수업에 얽
매여야 할 것이며 똑바로 앉아 칠
판을 바라보며 45분을 버텨야 할

것을 생각하면 지겹고 답답해요. 이런 때에 운동장을 바라보면 왠지
모르게 운동장은 자유의 세계로 가는 탈출구이자, 달콤한 유혹이 됩
니다. 학생이라는 신분이기에 참고 견디죠. 이현숙

　교실 수업의 갑갑함을 위로해주는 곳이다.

　교실에 먼지도 넘쳐나고 뛰어다니는 애들도 많고 이런 교실이 정
말 숨막힐 듯 갑갑하고 짜증 날 때가 있어요. 그럴 때마다 혼자 창문
을 열고 멍하니 운동장을 바라다봐요. 가끔 늦게 끝난 반이나 체육
선생님이 계시면 또 다른 느낌, 사람들을 구경하면서 교실의 답답함
을 위로해요. 박희준

보고 싶은 사람을 볼 수 있게 해주는 고마운 곳이다.

전 쉬는 시간에 운동장을 자주 내다보곤 해요. 교실에서 운동장을 내려다보면 한눈에 들어와요. 그곳에 제가 보고 싶어 하는 친구가 열심히 축구를 하고 있거나 어떠한 행동을 하고 있어요. 그러한 그 친구의 모습을 보면 저도 기분이 참 좋아져요. 운동장은 저에게 보고 싶은 친구를 볼 수 있게 해주어서 고마운 곳이죠. 김아라

점심시간 운동장

운동장을 바라보면 한 번도 보지 못했던 친구들 얼굴도 보게 되고, 축구, 농구 등 게임을 하는 아이들 그리고 다른 활동을 하는 아이들 등 별별 아이들이 다 있어요. 저는 그런 아이들을 운동장에서 구경하는 것이 너무 좋아요. 박명선, 이기쁨

소화제이다.

점심을 먹고 부른 배를 꺼지게 할 수 있는 곳이다. 운동장에서 친구들과 신나게 놀고 나면 어느새 먹은 밥이다 소화가 돼요. 우리들에게 운동장은 소화제죠. 5교시가 되면 또 배고파요. 유지현

점심시간의 운동장은 나의 쉼터입니다. 교실 안이 답답하여 운동장으로 나가서 가만히 앉아 있는 것만으로 바람이 잘 부는 운동장은 저에게 휴식을 제공하는 것 같아요. 거기에다가 친구들이 축구나 농구를 하는 모습을 바라볼 수 있어서 더욱 심심하지 않은 곳이죠.

부경준

누구나 만날 수 있는 곳이다.

저에게 공부를 하는 교실은 우리 반 친구들만을 볼 수 있는 곳입니다. 그러나 운동장은 1, 2, 3학년 누구나 만날 수 있는 이산가족 상봉의 장소가 아닌가 싶어요. 꼭 만날 친구가 있는 것은 아니지만 모두가 다 운동장에 나오니까 마음 편히 스쳐 가면서라도 볼 수 있잖아요. 강경남

특별한 규제가 필요하지 않은 곳이다.

점심시간에 점심을 먹는 둥 마는 둥 하고 실내화 주머니를 챙겨 가지고 운동장으로 뛰쳐나가요. 농구 코트를 차지하기 위해서 서두르는 거지요. 농구를 하면서 친구들과 협동심 그리고 정을 쌓으며 점심 먹은 것을 소화시킬 수 있는 곳이 돼요. 또한 다른 때 예를 들면 특기적성 시간이나 체육 시간에 농구를 배울 때는 막 장난을 치면서 하지 못하잖아요. 그런 걱정 없이 자유롭게 농구를 할 수 있어요. 우리식대로 농구를 한다고 할까요. 그래도 너무 재미있어요. 이대성

다양함이 있는 곳이다.

자주는 아니지만 가끔은 친구들과 광합성을 하러 나가는 곳이 운동장입니다. 이때 운동장에 나가보면 마치 지하철에서 제일 붐비는 시간인 출근 시간 같아요. 어떤 애들은 축구를 하고, 수다도 떨고, 제각기 다른 개성이 넘치는 곳이라는 생각이 들어 마치 이 색 저 색 물감을 짜 담아놓고 있는 팔레트 같아요. 이유라

에너지 충전소이다.

4교시 동안 피곤에 지쳐 있는 저의 심신을 다시 활발하게 하는 에너지 충전소와 같은 곳입니다. 너무 힘들 때는 친구들과 모여서 만담을 펼치는 따뜻한 곳이기도 하고. 아마 공부를 하느라 어지러웠던 머릿속을 정리하고 심난한 마음속을 정리할 수 있는 사막의 오아시스 같은 존재입니다. 때론 뛰어서 땀범벅이 될 때도 있지만 가을 시원한 바람이 선선히 불 때면 졸음까지 쏟아지는 그러한 곳이 저에게는 운동장입니다. 푸른 하늘을 보며 대화하고 있노라면 이 세상을 모두 가진 느낌이 들어요. 또 다른 나인 것 같아요. 강지구

운동장은 라디오와 같은 곳이다.

친구들과 교실에서 놀고 있으면 아이들이 축구하면서 내는 함성 소리, 농구대에서의 소리 그리고 도둑과 경찰 놀이를 하는 친구들의 소리가 들려와요. 정말 다양한 소리가 들려오는 곳입니다. 그래서 전 운동장이 라디오와 같다는 생각을 해요. 물론 한 번에 모든 소리를 들을 수는 없어요. 그날그날에 따라 다른 소리가 들려요. 서강수

수업이 끝난 후 운동장

우정을 쌓아가는 곳이다.

학교 수업이 모두 끝나고 평소에 같이 농구를 하는 친구들과 신나게 노는 곳이라고 생각해요. 친구들과 함께 농구를 하면 정말 재미있어요. 또 다른 때와 다르게 시간 제약이 없고 자유로운 시간이란 게 너무 행복해요. 45분이 아니라 놀고 싶은 만큼 놀 수 있어 날아갈

것 같아요. 그래서 저는 방과 후에 친구들과 마음껏 놀 수 있는 운동
장이 제일 좋아요. 그리고 이 맛에 학교를 다니는 것 같아요.   장민수

행복한 곳이다.

방과 후 운동장은 행
복한 곳입니다. 왜냐하면 공
부도 끝났고, 축구를 좋아
하는 친구들이 모여서 축구
를 할 수 있는 시간이기 때
문입니다. 그리고 다른 시
간과는 다르게 방과 후에는

시간 제약이 없기에 더욱 좋아요. 아쉬운 것은 학원 때문에 그래도
계속 축구를 할 수는 없다는 거예요.   최성준

바라만 보는 곳이다.

방과 후 운동장은 남자애들이 축구하는 것을 바라보아야만 하
는 곳이라는 생각을 해요. 저도 운동을 좋아해서 같이하고 싶지만
여자애들은 아무도 하지 않아서 저 혼자서만 하겠다고 할 수 없잖아
요. 그래서 그냥 남자애들이 하는 것을 바라보기만 해야 하고, 운동
장에서 신나게 공을 차고 달리는 남자애들이 부러워요.   박수민

자유가 있는 곳이다.

전 방과 후 운동장이 제일 좋아요. 왜냐하면 방과 후 운동장은
자유가 느껴지기 때문이지요. 방과 후에는 제가 운동장에서 무엇을

하든 아무도 건드리지 않아요. 또, 종이 치지 않아요. 종이 친다는 압박감을 느끼면 그 시간이 지루하다는 느낌이 들어요. 그런데 방과 후 운동장에는 그런 것이 없어요. 제게는 방과 후 운동장이 "자유"라는 의미 같아요. 김보민

방과 후 운동장은 아름답다.

저에게도 방과 후 운동장은 아름다워요. 노을빛으로 물들어가는 하늘은 운동장도 물들게 하지요. 교실을 나와서 운동장을 보면 한결같이 제가 제일 싫어하는 축구를 하고 있지만 그때만큼은 밉지는 않아요. 긴장도 풀어지고 풍경도 밉지 않잖아요. 아마도 체육이 끝났다는 안도감에서 운동장이 아름다워 보이는 것 같아요. 김지복

만남을 기대하는 곳이다.

선생님, 저녁 때 운동장은 어떤지 아세요. 밤에 나와 아름다운 연애를 하고 있는 사람을 볼 수 있지요. 또 5살 때 네 별 내 별 하면서 별을 구경하던 그때를 다시 떠올리면서 별을 바라볼 수 있어요. 그리고 농구공을 가지고 혼자서 농구를 하기도 하는 나만의 공간이 돼요. 저녁 때 운동장에 나갈 때는 늘 새로운 기대를 갖고 나가요. '오늘은 어떤 사람들과 함께 운동을 할까?' 하는 행복한 고민을 해보기도 해요. 김서원

운동장은 천국이다.

방과 후 운동장은 나에게 정말 행복을 가져다주는 곳입니다. 화요일, 수요일 빼고는 체육이 안 들어서 심심해요. 그래서 대부분 방과

후 운동장에서 축구를 하는데 정말 재미있고 스트레스도 풀려요. 체육 시간에는 뭔가 부족해요. 방과 후 운동장에서 제 욕구를 채워요. 방과 후 운동장에서는 함께하면 재미있고 더 많은 친구들을 만들 수 있어 행복해요. 허혁

날아가버린 꿈같은 곳이다.

초등학교 다닐 때만 해도 매일 친구들과 축구를 하는 곳이었어요. 그런데 중학생이 되어 학원을 다니다 보니 끝나고 운동장에서 놀아본 적이 거의 없어요. 집에 가면서 '내 자유는 어디 갔나?' 하는 생각을 하며 운동장에서 놀지 못하는 것을 아쉬워하기도 해요. 이럴 때 운동장은 저의 날아가버린 꿈이 아닌가 싶어요. 정말 아쉬워요.

강정모

밤의 운동장

밤의 운동장은 저에게 별 같은 존재입니다. 밤의 운동장은 재미있고 흥미로워요. 밤에는 별을 볼 수도 있고, 살을 빼기 위해 운동을 할 수 있는 곳이기도 합니다. 사람들이 많지 않아서 마음대로 뛸 수 있어서 마음이 날아갈 듯 좋아요. 또한 애들과 밤에 농구를 할 때 덥지도 않고 해서 정말 행복해요. 마음껏 놀 수 있는 밤의 운동장은 저의 친구 같은 존재입니다. 윤유진

운 동 장

30205
박소라

따뜻한 봄에도 정쟁이 더운 여름에도
시원한 가을에도 생생 추운 겨울에도
환하게 웃으며 우리를 반겼던 운동장

쿵쿵 뛰는 아이들의 발 소리에도
꼭 풀어놓듯 풀처럼 따뜻하고
환하게 웃으며 우리를 반겼던 운동장

내가 체육시험을 잘 봐 기쁠때도
동료에게 져서 아파하며 슬플때도
언제나 몸에서 나를 위로해줄것만 같이
환하게 웃으며 우리를 반겼던 운동장

이제 고맙다 라는 말을 해주고싶다
동안 나와 화여러을 함께 해주어서
고맙다고 말하고 싶다

이제 항상웃는얼굴 영원히 간직하라 말을 해주고싶다
미래의 학병들의 화여러도 언제나 그랬던거처럼
운동장은 환하게 웃으며 그들을 반길것을 빕니다

나오며

　이 책은 체육 교사로 운동장에서 아이들을 지도하면서 열정과 헌신으로 살아온 나의 삶의 이야기이다. 나는 초임 시절부터 지금까지 아이들을 지도하는 열정이 가득하고 부끄럽지 않은 체육 교사이기를 희망하며 묵묵히 25년째 교사의 길을 걸어가고 있다. 난 아이들을 가르치는 교사 이외에 다른 길로 갈 생각을 하지 않은 채 오로지 한길만 가고 있다. 열악한 학교 체육의 환경에서 교사로서 '아이들을 어떻게 하면 잘 가르치고 그로 인하여 교사인 내가 행복할 수 있을까?' 하는 고민이 늘 내 삶에서 중요한 부분이다. 따라서 나의 일상생활에서 반 이상을 차지하는 수업이 끝나면 어김없이 수업을 반성적으로 돌아보는 수업 일지를 작성하였다.

　수업을 잘하는 교사가 되기 위해 기록을 하였다. 그리고 그렇게 시작한 수업 일지 기록 이후 이제 꽤 많은 시간이 흘렀다. 하루하루 작성한 수업에 대한 기록이 10년이 되고 20년이 되었다. 일지의 곳곳에 체육 교사로서 살아가는 교사의 기쁘고 아픈 모습이 배어 있다. 체육 수업을 놓고 고뇌하고 기뻐하면서 성장하는 체육 교사가 수업 일지에 그대로 나의 그림자처럼 나타났다. 수업 일지 속에 한 사람의 체육 교사가 성장하고 있었다. 이렇듯 수업 일지 속에 한 사람의 체육 교사가 고스란히 있다는 것을 깨닫게 되면서 난 이 수업 기록을 나만의 기록으로 남게 해서는 안 된다는 생각을 하게 되었다. 나의 미미한 수업 실천의 기록이지만 그 방법이 어떤 형식이든 동료 교사 및 체육 교사들과 나누어야만 한다는 믿음이 생기기 시작하였다.

이러한 나의 믿음이 이 책을 시작하게 한 힘이 되었다. 그리고 한 6개월 작업을 하여 책의 얼개가 어느 정도 자리를 잡았을 때 후배 교사에게 보여주면서 "책으로 출판하려고 하는데 어떠냐?"고 물었다. "이거 형의 이야기네. 체육 수업." 하고 특별하지 않다는 반응을 보였다. 그래서 그날 실망으로 인하여 마음에 상처를 입고 한동안 책 만들기 위한 원고 작업을 멈추고 더 이상 진척을 시키지 않았었다. 그러나 그 후 김신회 선생과 이병준 선배 그리고 이상대 선생님의 체육 교사로서 정말 좋은 인문학적 접근이고 시도라는 격려에 힘입어 최종적으로 원고를 마무리할 수 있게 되었다. 원고를 마무리하여 책의 형태로 처음 만들어졌을 때 드디어 해냈구나 하는 생각으로 참 기쁘고 행복했다. 그러나 시간이 흘러 막상 출판을 하려고 하니 진한 아쉬움과 함께 나의 보잘것없는 이야기를 세상에 내놓아도 되는가 하는 두려움이 몰려온다.

이 책은 내가 홀로 쓴 것이 아니다. 내가 체육 교사로서 잘할 수 있도록 언제나 운동장에서 나에게 힘을 준 아이들과 함께 쓴 것이다. 아이들은 나에게 묻고 또 물었다. "선생님, 우리 수업이 재미없어요. 우리를 신나게 해주세요. 선생님은 우리를 가르쳐야 하는 선생님이잖아요"라고 하며 이제 그만 나의 수업에 안주하려는 나에게 끊임없이 오늘 그리고 내일의 행복한 수업을 위해 생각하고 또 생각하게 하였다.

그리고 이 책은 나와 함께 체육 수업을 잘하기 위해 20여 년 함께 고민하고 실천해온 동료 교사들과 더불어 쓴 것이다. 운동장에서 이루어지는 체육 수업에 대하여 그들과 고민을 나누고 실천적 대안을 찾기 위한 노력들이 없었다면 어떻게 지금의 내가 있을 수 있었겠는가? 참 많은 체육 선생님들과 함께해왔으며 앞으로도 그들과 함께할 것이다. 언제나 아이들의 행복한 체육 수업을 위해 열심히 운동장에서 열정과 헌신을 다하고 있을 그들에게 깊은 감사의 마음과 박수를 보낸다. 그래서 이 책에는 나의 이야기만 있는 것이 아니라 아이들과 동료 교사들의 이야기가 가득하다. 특히 아이들이 그들의 언어로 기록한 수업 일지와 그림은 특별한 영감이 떠오르게 해준 소중한 자료가 되었다. 많이 부족하지만 나와 그들의 이야기를 정리하여 세상에 내놓으려고 한다. 그들 모두에게 깊은 고마움을 전한다.

'체육 교사, 수업을 말하다'라는 책을 한번 써보려고 마음먹고 2년의 시간이 흘렀다. 그동안 체육 교사로서 부끄럽지 않았지만 한 가정의 가장으로서 나의 역할을 다하지 못하였다. 매일 원고를 쓴다는 핑계로 학교에서 늦게 퇴근하였다. 이제 더 많은 시간을 가족과 함께 보내려고 한다. 아빠가 쓴 책을 보고 싶어 했던 사랑하는 딸 예지와 나처럼 체육 교사의 삶을 살려고 하는 아들 병현 그리고 언제나 묵묵히 곁에서 나를 지켜주며 나의 길을 굳건히 갈 수 있게 힘을 준 아내에게 고마움을 전한다.

2015년 11월 상암고에서

삶의 행복을 꿈꾸는 교육은 어디에서 오는가?

● **교육혁명을 앞당기는 배움책 이야기** 혁신교육의 철학과 잉걸진 미래를 만나다!

● 비고츠키 선집 발달과 협력의 교육학 어떻게 읽을 것인가?

 생각과 말
레프 세묘노비치 비고츠키 지음
배희철·김용호·D. 켈로그 옮김 | 690쪽 | 값 33,000원

 성장과 분화
L.S. 비고츠키 지음 | 비고츠키 연구회 옮김
308쪽 | 값 15,000원

 도구와 기호
비고츠키·루리야 지음 | 비고츠키 연구회 옮김
336쪽 | 값 16,000원

 연령과 위기
L.S. 비고츠키 지음 | 비고츠키 연구회 옮김
336쪽 | 값 17,000원

 어린이 자기행동숙달의 역사와 발달 Ⅰ
L.S. 비고츠키 지음 | 비고츠키 연구회 옮김
564쪽 | 값 28,000원

 의식과 숙달
L.S 비고츠키 지음 | 비고츠키 연구회 옮김
348쪽 | 값 17,000원

 어린이 자기행동숙달의 역사와 발달 Ⅱ
L.S. 비고츠키 지음 | 비고츠키 연구회 옮김
552쪽 | 값 28,000원

 분열과 사랑
L.S. 비고츠키 지음 | 비고츠키 연구회 옮김
260쪽 | 값 16,000원

 어린이의 상상과 창조
L.S. 비고츠키 지음 | 비고츠키 연구회 옮김
280쪽 | 값 15,000원

 성애와 갈등
L.S. 비고츠키 지음 | 비고츠키 연구회 옮김
268쪽 | 값 17,000원

 비고츠키와 인지 발달의 비밀
A.R. 루리야 지음 | 배희철 옮김 | 280쪽 | 값 15,000원

 흥미와 개념
L.S. 비고츠키 지음 | 비고츠키 연구회 옮김
408쪽 | 값 21,000원

 정서학설 Ⅰ
L.S. 비고츠키 지음 | 비고츠키 연구회 옮김
584쪽 | 값 35,000원

 정서학설 Ⅱ
L.S. 비고츠키 지음 | 비고츠키 연구회 옮김
480쪽 | 값 35,000원

 수업과 수업 사이
비고츠키 연구회 지음 | 196쪽 | 값 12,000원

 관계의 교육학, 비고츠키
진보교육연구소 비고츠키교육학실천연구모임 지음
300쪽 | 값 15,000원

 비고츠키의 발달교육이란 무엇인가?
비고츠키교육학실천연구모임 지음 | 412쪽 | 값 21,000원

 비고츠키 생각과 말 쉽게 읽기
진보교육연구소 비고츠키교육학실천연구모임 지음
316쪽 | 값 15,000원

 비고츠키 철학으로 본 핀란드 교육과정
배희철 지음 | 456쪽 | 값 23,000원

 교사와 부모를 위한 비고츠키 교육학
카르포프 지음 | 실천교사번역팀 옮김
308쪽 | 값 15,000원

 비고츠키와 마르크스
앤디 블런던 외 지음 | 이성우 옮김 | 388쪽 | 값 19,000원

 혁신학교
성열관·이순철 지음 | 224쪽 | 값 12,000원

 대한민국 교사, 어떻게 가르칠 것인가?
윤성관 지음 | 320쪽 | 값 15,000원

 행복한 혁신학교 만들기
초등교육과정연구모임 지음 | 264쪽 | 값 13,000원

 아이들을 어떻게 가르칠 것인가
사토 마나부 지음 | 박찬영 옮김 | 232쪽 | 값 13,000원

 서울형 혁신학교 이야기
이부영 지음 | 320쪽 | 값 15,000원

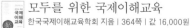 **모두를 위한 국제이해교육**
한국국제이해교육학회 지음 | 364쪽 | 값 16,000원

 혁신교육, 철학을 만나다
브렌트 데이비스·데니스 수마라 지음
현인철·서용선 옮김 | 304쪽 | 값 15,000원

 경쟁을 넘어 발달 교육으로
현광일 지음 | 288쪽 | 값 14,000원

혁신교육 존 듀이에게 묻다
서용선 지음 | 292쪽 | 값 16,000원

 핀란드 교육의 기적
한넬레 니에미 외 엮음 | 장수명 외 옮김
456쪽 | 값 23,000원

 다시 읽는 조선 교육사
이만규 지음 | 750쪽 | 값 33,000원

한국 교육의 현실과 전망
심성보 지음 | 724쪽 | 값 35,000원

 대한민국 교육혁명
교육혁명공동행동 연구위원회 지음
224쪽 | 값 12,000원

 독일의 학교교육
정기섭 지음 | 536쪽 | 값 29,000원

● **경쟁과 차별을 넘어 평등과 협력으로 미래를 열어가는 교육 대전환!** 혁신교육 현장 필독서

 교실 속으로 간 이해중심 교육과정
온정덕 외 지음 | 224쪽 | 값 13,000원

교실 속으로 간 이해중심 통합교육과정
온정덕 외 지음 | 224쪽 | 값 15,000원

 포스트 코로나 시대의 교육
성열관 외 지음 | 224쪽 | 값 15,000원

 초등 백워드 교육과정
설계와 실천 이야기
김병일 외 지음 | 352쪽 | 값 19,000원

 내일 수업 어떻게 하지?
아이함께 지음 | 300쪽 | 값 15,000원

 학습격차 해소를 위한 새로운 도전
보편적 학습설계 수업
조윤정 외 지음 | 240쪽 | 값 15,000원

 학교의 미래,
전문적 학습공동체로 열다
새로운학교네트워크·오윤주 외 지음 | 276쪽 | 값 16,000원

 마을교육공동체란 무엇인가?
서용선 외 지음 | 360쪽 | 값 17,000원

 마을교육공동체
생태적 의미와 실천
김용련 지음 | 256쪽 | 값 15,000원

 강화도의 기억을 걷다
최보길 지음 | 276쪽 | 값 14,000원

 학교폭력, 멈춰!
문재현 외 지음 | 348쪽 | 값 15,000원

 체육 교사, 수업을 말하다
전용진 지음 | 304쪽 | 값 15,000원

 학교를 살리는 회복적 생활교육
김민자·이순영·정선영 지음 | 256쪽 | 값 15,000원

 평화의 교육과정 섬김의 리더십
이준원·이형빈 지음 | 292쪽 | 값 16,000원

 삶의 시간을 잇는 문화예술교육
고영직 지음 | 292쪽 | 값 16,000원

 마을교육과정을 그리다
백윤애 외 지음 | 336쪽 | 값 16,000원

 미래교육을 디자인하는
학교교육과정
박승열 외 지음 | 348쪽 | 값 18,000원

 혁신교육지구와 마을교육공동체는
어떻게 만들어지는가?
김태정 지음 | 376쪽 | 값 18,000원

아이들을 어떻게 가르칠 것인가
사토 마나부 지음 | 박찬영 옮김 | 232쪽 | 값 13,000원

 서울대 10개 만들기
김종영 지음 | 348쪽 | 값 18,000원

 코로나 시대,
마을교육공동체운동과 생태적 교육학
심성보 지음 | 280쪽 | 값 17,000원

 선생님, 통일이 뭐예요?
정경호 지음 | 252쪽 | 값 13,000원

 혐오, 교실에 들어오다
이혜정 외 지음 | 232쪽 | 값 15,000원

 함께 배움
 학생 주도 배움 중심 수업 이렇게 한다
니시카와 준 지음 | 백경석 옮김 | 280쪽 | 값 15,000원

 수업, 슬로리딩과 함께
박경숙 외 지음 | 268쪽 | 값 15,000원

 다정한 교실에서 20,000시간
강정희 지음 | 296쪽 | 값 16,000원

물질과의 새로운 만남
베로니카 파치니-케처바우 외 지음 | 240쪽 | 값 15,000원

 즐거운 세계사 수업
김은석 지음 | 328쪽 | 값 13,000원

 그림책으로 만나는 인권교육
강진미 외 지음 | 272쪽 | 값 18,000원

 밥상혁명
강양구·강이현 지음 | 298쪽 | 값 13,800원

 수업 고수들
수업·교육과정·평가를 말하다
박현숙 외 지음 | 368쪽 | 값 17,000원

 학교를 개선하는 교장
지속가능한 학교 혁신을 위한 실천 전략
마이클 풀란 지음 | 서동연·정효준 옮김 | 216쪽 | 값 13,000원

 아이들의 배움은 어떻게 깊어지는가
이시이 준지 지음 | 방지현·이창희 옮김
200쪽 | 값 11,000원

 선생님, 민주시민교육이 뭐예요?
염경미 지음 | 244쪽 | 값 15,000원

 미래, 공생교육
김환희 지음 | 244쪽 | 값 15,000원

 교육혁신의 시대
배움의 공간을 상상하다
함영기 외 지음 | 264쪽 | 값 17,000원

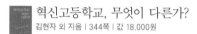 들뢰즈와 가타리를 통해 유아교육 읽기
리세롯 마리엣 올슨 지음 | 이연선 외 옮김
328쪽 | 값 17,000원

 도덕 수업, 책으로 묻고 윤리로 답하다
울산도덕교사모임 지음 | 320쪽 | 값 15,000원

 혁신고등학교, 무엇이 다른가?
김현자 외 지음 | 344쪽 | 값 18,000원

 교육과 민주주의
필라르 오카디즈 외 지음 | 유성상 옮김
420쪽 | 값 25,000원

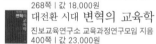 시민이 만드는 교육 대전환
심성보·김태정 지음 | 248쪽 | 값 15,000원

 교육회복과 적극적 시민교육
강순원 지음 | 228쪽 | 값 15,000원

 평화교육
과거, 현재 그리고 미래를 그리다
모니샤 바자즈 외 지음 | 권순정 외 옮김
268쪽 | 값 18,000원

 비판적 미디어 리터러시 가이드
더글러스 켈너·제프 셰어 지음 | 여은호·원숙경 옮김
252쪽 | 값 18,000원

 대전환 시대 변혁의 교육학
진보교육연구소 교육과정연구모임 지음
400쪽 | 값 23,000원

 지속가능한
마을, 교육, 공동체를 위하여
강영택 지음 | 328쪽 | 값 18,000원

 교육의 미래와 학교혁신
마크 터커 지음 | 전국교원양성대학교 총장협의회 옮김
332쪽 | 값 19,000원

 백워드로 설계하고 피드백으로 완성하는
성장중심평가
이형빈·김성수 지음 | 356쪽 | 값 19,000원

 남도 임진의병의 기억을 걷다
김남철 지음 | 288쪽 | 값 18,000원

 우리 교육, 거장에게 묻다
표혜빈 외 지음 | 272쪽 | 값 17,000원

프레이리에게 변혁의 길을 묻다
심성보 지음 | 672쪽 | 값 33,000원

 교사에게 강요된 침묵
설진성 지음 | 296쪽 | 값 18,000원

다시, 혁신학교!
성기신 외 지음 | 300쪽 | 값 18,000원

 마을, 그 깊은 이야기 샘
문재현 외 지음 | 404쪽 | 값 23,000원

왜 체 게바라인가
송필경 지음 | 320쪽 | 값 19,000원

 비난받는 교사
다이애나 폴레비치 지음 | 유성상 외 옮김
404쪽 | 값 23,000원

풀무의 삶과 배움
김현자 지음 | 352쪽 | 값 20,000원

한국교육운동의 역사와 전망
하성환 지음 | 308쪽 | 값 18,000원

 비고츠키 아동학과 글쓰기 교육
한희정 지음 | 300쪽 | 값 18,000원

참된 삶과 교육에 관한
생각 줍기